Viví Para Contar La Historia

Por
Joey Perez

www.worldevangmin.org

Viví Para Contar La Historia

Por Joey Perez
Publicado por Worldwide Evangelistic Ministries, Inc.
P. O. Box 46496
Filadelfia, PA 19160
(215) 223-1022

Este libro es propiedad exclusiva de Joey Pérez.

Esta prohibido la reproducción de este libro, en parte ó completa; mantenerlo en un sistema electrónico; transmitido en cualquier forma mecánica, copiado, grabado, ó en cualquier otra forma sin el permiso de Joey Pérez.

Todos los textos Bíblicos son de La Nueva Versión King James. Coypyright 1980 por Thomas Nelson, Inc.

Portada por....................Richard Wolfe

Traducido por.................Pastor Ruben Gonzalez

Revisado por.....................Pastor Francisco Cruz

Sgto. Luis Ivan Pagan

Doctora Marta Torres

ISBN 978-0-9801064-1-1
Library of Congress Control Number: 2008922686

Imprimido en los Estados Unidos de América

Contenido

Prefacio

Por el Pastor Frankie Cruz

El ministerio de Felipe el evangelista, en la cuidad de Samaria fue uno de los hechos de los apóstoles con lo cuál a través del Espíritu Santo continúo la obra de Cristo en el primer siglo de la iglesia. Para el comienzo del tercer milenio, la biografía de Joey Pérez es añadido como otro capítulo a los hechos de los apóstoles. El Evangelista Joey Pérez es uno de los dones ministeriales dados por el Señor a la iglesia. Primeramente, es un evangelista urbano, listo para predicar el evangelio a toda criatura, pero es muy efectivo entre los adictos, alcohólicos, pandilleros, los criminales y los problemáticos de la vida.

Mi esposa Maria y yo, fuimos llamados a establecer una iglesia en el pueblo de Las Piedras en Puerto Rico. Decidimos salir en nuestra primera semana de alcance a la comunidad, llamando a los miembros del Centro Cristiano La Roca a que salieran. Como necesitábamos obreros que nos ayudaran durante este proceso, fui al instituto de las Asambleas de Dios en Bayamón, Puerto Rico para esa ayuda. Estaba contento en el Señor porque el director Reverendo Carlos Osorio había escogido a tres de los mejores estudiantes para la actividad. Saliendo de la oficina del director, escuchaba de la habitación que quedaba al lado una voz que clamaba en voz alta y sonaba como una trompeta. Me detuve y le dije al director, "Quiero a ese hombre en Las Piedras." Esa voz como de trompeta fue la de Joey Pérez.

La historia de Joey Pérez es un mensaje evangelístico. Tú compartirás sus lágrimas a manera en que vas leyendo sobre el ambiente oscuro de pandillas, drogas, violencia y crimines en el cuál se crió. Al igual que te gozaras porque donde abunda el pecado, sobre abunda la gracia. Fue levantado del polvo y sentado entre los príncipes de su pueblo. Como hijo de Abraham, fue llamado para ser bendecido y ser de bendición a muchas ciudades y naciones. He visto el crecimiento de Joey Pérez en el Señor. El ha sido bendecido con Damaris su esposa, una mujer virtuosa, al igual que Christine e Ivellise sus dos hermosas hijas. Ellos son fundadores de Worldwide Evangelistic Ministries, estableciendo dos centros de rehabilitación, para hombres y mujeres. El ha establecido una iglesia poderosa en la ciudad de Filadelfia. Alabó al Señor, por el Pastor Joey y Damaris pues para mí no hay mayor gozo que el oír que mis hijos están caminando en la verdad.

Leyendo este libro tú serás reprobado del pecado y si no eres salvo, recibirás el evangelio; que es el poder de Dios para salvación. Si eres cristiano, el Espíritu Santo te dará una unción fuerte para que alcances a toda criatura en tu comunidad.

Pastor Frankie Cruz
Un padre en Zion
Centro Cristiano La Roca
Las Piedras, Puerto Rico

Por el Obispo Valeriano Meléndez

Este libro encenderá una llama viva en tu corazón por la presencia de Dios. Joey Pérez abre su corazón en una manera transparente para que el cuerpo de Cristo venga a una nueva relación con su salvador Jesucristo. Debo advertirte, "Esté es un libro peligroso y dinámico. Si estas cómodo y complacido y quieres quedarte así, ni siquiera abras este libro."

Obispo Valeriano Meléndez
Fundador de Soul Saving Station Evangelistic Center,
Ahoskie, North Carolina

Dedicación

Quiero dedicar este libro a mí querida esposa, Damaris por su amor y paciencia al ayudarme a escribir este libro. También lo dedico a mis dos hijas, Christine e Ivellise, que han sido de gran bendición a mi vida.

Además, dedico este libro a mi madre, Maria Rodríguez, quién partió con el Señor el día 20 de octubre del 1990.

Agradecimiento Especial:

Quiero agradecer a las siguientes personas quienes han hecho posible este libro y a otras personas, que debido a su número, me es imposible mencionar.

Rubén y Jill Tarno
Fred y Joanne Newfield
Rev. Donald y Kathleen Landis
El Supermercado Landis
Dr. Mason Beale
George y Pauline Young
Louis Borelli
Jack & Lynn Kreischer y su hija Jennifer
Robert & Lynn Weber
Roger & Mirian Tarno
Anthony & Judy DePaul
John & Elsie Jo Cardone
Michael & Delores Johnston

Capítulo 1

UNA VIDA JOVEN DE CRIMEN

"¿Consumiste todo el dinero de mí droga? Pues, quédate quieto porque te voy a entrar a tiro." Gritaba esto mientras sacaba el revólver apuntándole a uno de mis tiradores de drogas. Iba a matar a Izzy, me había engañado con el dinero que me debía de mis drogas – mí dinero. Parado en una esquina de la calle con mi revólver en mano para dispararle.

De repente, sentí que alguien me estaba tocando en el hombro. "¡Tenía que ser la policía!" pensé. Rápidamente guarde el revólver en mi bolsillo y me giré. Para mi sorpresa era una anciana de cabello blanco y rostro resplandeciente.

Le grité, "¿Anciana, que quieres?" Con su rostro brillante me entregó cuatro pedacitos de papel.

"¿Qué es esto?" "¿No puedes ver que estoy listo para matar a este individuo?" Entonces me dijo, "Joven, esos son unos tratados. Yo estaba en mí iglesia orando y Dios me dijo que viniera a esta esquina porque había un joven aquí a quien Él quiere salvar."

Comencé a discutir con ella. "Con tanta gente, ¿Por qué te envía Dios hacia mí?" Mientras le decía que la odiaba, hice pedazos los cuatro tratados que me había dado y se los tiré, dándole en la cara con ellos.

Aterrorizada se giró para correr alejándose de mí. La corrí hacia el otro lado de la calle, expresándole mi odio. De repente se detuvo y giró su rostro hacia mí a la vez que me decía, "Jesús te ama." Mientras decía esas palabras retrocedí. Una vez más le dije que la odiaba. Pero ella me respondió de la manera anterior, usando ese nombre y nuevamente retrocedí.

Dejé de amenazar a esta anciana de cabello blanco y comenzó a temblar todo mi cuerpo. De regreso a mi casa, mi cuerpo seguía temblando con un temor que yo nunca había sentido anteriormente.

Mi hogar en el norte de Filadelfia

Mis recuerdos más lejanos se remontan para el año 1963, cuando tan solo tenía seis años de edad y mi familia vivía en el 2232 de la calle Dos en Filadelfia, Pennsylvania. Una mujer irlandesa, la señora Hagherty, era frecuentemente nuestra niñera. Ella tenía tres hijos y tres hijas. Yo envidiaba a su hijo menor, Patrick, porque para mí que él tenía todo lo que quería. De todos modos él no era egoísta y compartía sus juguetes con nosotros. Las tres hijas de la señora Hagherty, todas en sus veinte y tanto de años, eran hermosas y aún cuando yo sólo tenía seis años estaba enamorado de dos de ellas. Una era Judith, y mi madre nombró a mi hermana menor Wanda Judith, igual que ella; las otras se llamaban Virginia y Verónica. Yo estaba enamorado de Virginia y Judith porque constantemente me mostraban mucho amor. Cada vez que iba a su casa ellas me abrazaban, me daban besos y jugaban conmigo.

Recuerdo cuando comencé en el primer grado, estaba nostálgico. Mi madre había dejado a mis hermanos Willie y Edwin, mis hermanas Wanda, Debbie, Vivian y a mí con la Señora Hagherty. Había diez hijos en mi familia para ese entonces, cuatro eran mayores que yo y cinco menores. Estábamos sentados en el piso viendo por televisión la procesión del Presidente John F. Kennedy que desplazaba por las calles de Dallas, cuando de repente se interrumpió la transmisión. Podía escuchar a Bill, el hijo mayor de la señora Hagherty, gritando que le habían disparado al Presidente. Yo no entendía lo que estaba pasando. Había gran conmoción, la señora Hagherty y sus hijas comenzaron a llorar. Les pregunté, "¿Qué está pasando?" Pero ellas no me contestaban. Como no entendía lo que estaba sucediendo, no hice más preguntas.

Un día en casa luego del asesinato del Presidente Kennedy ví a mi madre llorando y le pregunté, "Mami, ¿Qué te pasa?" Pero no recibí contestación alguna. Después que asesinaron al Presidente, frecuentemente veía a mi madre llorando y le preguntaba, "Mami, ¿Por qué lloras?" Sin contestarme, simplemente miraba hacia fuera por la ventana llorando aún más. Finalmente, un día ella me dijo que lloraba porque el Presidente estaba muerto. Pero algo muy dentro de mí me decía que ella lloraba porque mi padre le era infiel.

Mi padre tenía un buen empleo como contratista de residencias. A veces cuando él llegaba al hogar le pegaba a mi madre porque ella le reclamaba sobre las otras mujeres. Yo veía esto pero no podía entender en su totalidad lo que estaba pasando y sentía una lástima terrible por mi madre. Aún cuando mi padre cobraba un buen sueldo en su empleo, mi madre con frecuencia se levantaba de madrugada para ir a la fila de asistencia de alimentos porque no teníamos suficiente comida para diez personas, pues mi padre gastaba todo su dinero en otras mujeres.

La calle Dos estaba ubicada en un vecindario mixto donde predominaban los irlandeses, polacos, chinos, e hispanos. Dentro de este vecindario recuerdo claramente a una familia puertorriqueña con un pequeño niño llamado Willie. Uno de los muchachos chinos se llamaba Harry, el cuál era muy gordito y a la vez era más grande que mi hermano Mikey, quien era un año mayor que yo. En una ocasión, Harry trató de abusar de nosotros, nos fuimos corriendo pero él nos siguió. Corrimos hasta nuestra casa. Mikey entro mientras yo me quedé afuera maldiciendo a Harry. Cuando salió Mikey él tenía un tenedor y se lo tiró a Harry. Yo ví como el tenedor dio vueltas en el aire antes de quedar incrustado en la cabeza de Harry. Harry se fue corriendo y gritando para su casa con el tenedor sobresaliendo de su cabeza.

Su madre salió de su casa gritándonos algo en su idioma, claro que nosotros no entendíamos lo que ella estaba diciendo. Philip, mi hermano mayor y mi hermana Evelyn salieron de la casa y comenzaron a gritarle también. Esto rápidamente se convirtió en un concurso de gritería entre las dos familias. Alguien llamó a la policía y cuando llegaron ellos hablaron con nuestros padres. A Mikey y a mí nos castigaron, primero nos pegaron y luego tuvimos que quedarnos en nuestras habitaciones. Pero Mikey y yo nos reíamos todo el tiempo porque pensábamos que era gracioso.

Recuerdo también de una mujer morena americana en nuestro vecindario, la señora Jones, quien tenía muchos hijos. Ella vivía en la calle Dos y Dolphin. Era una mujer religiosa quien tenía unas hermosas hijas. Recuerdo particularmente a una que llevaba por nombre Paulette. También estuve enamorado de ella, pues siempre me estaba abrazando y trayéndome dulces. De vez en cuando la señora Jones nos llevaba con ella a su iglesia. Recuerdo haber ido a la escuela Bíblica de verano; allí disfrute dibujando. Eran unos dibujos especiales que yo podía hacer con tomar el lápiz y escribir unos garabatos de un lado del papel al otro y de repente aparecía un dibujo. Dibujos tales como Jesús tomando a una pequeña oveja en sus brazos.

Un Vecindario Nuevo

Allá para el año 1964 cuando yo tenía algunos siete años de edad, mi padre decidió mudarse para el número 1849 de la calle Leithgow. Este vecindario era predominado por los alemanes, irlandeses y por un par de familias provenientes de Mongolia. Éramos la única familia hispana en la comunidad para ese entonces. Recuerdo a tres de los muchachos que vivían en la casa de la esquina, Bobby, Joey y Eddie. Esta familia también tenía diez hijos. Otro de los hermanos tenía por sobrenombre Fats porque era muy gordito. Fats estaba involucrado en el deporte contrario a su hermano Bobby a quien sólo le interesaba robar.

Bobby tenía un amigo llamado David el cuál vivía a la vuelta de la esquina. La familia de David era la única familia morena en el vecindario de la calle Cuatro y la calle Berks. David y su hermano Matthew robaban en las tiendas del centro de la ciudad de Filadelfia. Al poco tiempo mi hermano mayor se hizo amigo de Bobby y frecuentemente se iban a robar al centro de la ciudad. Al tiempo yo comencé a acompañarlos y Bobby me enseñó a robar ropa de hombre. Entrábamos a Lit Brothers y John Wanamakers y mis amigos simulaban estar probándome ropa, me colocaban un pantalón sobre otro y también me ponían un par de chaquetas para luego vestirme con mi propia ropa y así salir de la tienda. Las personas que me miraban no podían detectar que yo me había robado la mercancía.

Philip, Bobby y yo tomábamos el tren elevado y nos bajábamos en la calle Mutter y la calle Berks. Allí había una mujer irlandesa, la Señora Green, quien tenía una pequeña tienda de dulces. Nosotros le vendíamos la mercancía que nos habíamos robado y ella se los vendía a otros.

No tardé mucho en averiguar lo fácil que era robar, me acostumbré y comencé a sentir gusto en hacerlo. Cuando no robábamos, jugábamos football americano con el hermano de Bobby y otro muchacho llamado Kevin. Su madre frecuentemente me enviaba a la tienda y me pagaba por ir con monedas de diez centavos ó hasta una de veinticinco centavos.

Durante este tiempo mi familia estaba teniendo problemas muy serios en la casa. Mis padres cada vez se peleaban más. Ellos trabajaban tantas horas que nos dejaban solos la mayor parte del tiempo. Mi hermana mayor Evelyn, realmente no podía cuidarnos. Pues como joven al fin se la pasaba más el tiempo con sus amigos que cuidándonos. Para esa edad ya estaba enamorada. Cuando su novio venía a la casa, yo lo miraba muy mal y le tiraba piedras para que no regresara más. También teníamos una amiga que yo llamaba tía. Su verdadero nombre era Catalina Benjamin. Ella tenía una hija que vivía con nosotros; además de los diez que ya vivían en la casa. Mi hermana Evelyn y Jackie Benjamin eran de la misma edad y estaban tan enamoradas de los muchachos que casi nunca estaban por los alrededores.

Como estaban las cosas, no teníamos paz en mi hogar ni tampoco alegría. Mis hermanos, mis hermanas y yo estábamos solos; por nuestra propia cuenta. Nos la pasábamos robando y después de un tiempo comenzamos a oler pegamento. Comprábamos modelos de carros plásticos sólo para sacarle el pegamento que venía adentro. Nos movimos a comprar cigarrillos para fumar y a meternos dentro de las casas en el vecindario para robar. David y su hermano Matthew se convirtieron en tan buenos ladrones que se iban al vecindario suburbano y le robaban a la gente en los hogares saliendo con grandes cantidades de dinero.

Yo tenía un primo que se llamaba Johnny quien vivía a dos puertas de David y Matthew. Íbamos a la casa de Johnny y luego nos escapábamos por una ventana que quedaba en el tercer piso hacia el techo y así saltábamos de techo en techo hasta llegar a la casa de David. Ya en su patio, en la parte trasera, nos metíamos por la ventana de su casa y le llevábamos todo el dinero que él había robado a otros. Esto lo hacíamos constantemente.

Recuerdo cuando tenía solo ocho años me metí en su casa a robar mientras su hermana estaba en el primer piso de la casa viendo televisión. Yo caminé por todo el segundo y tercer piso llevándome todo lo que yo sabía que podía vender para comprar pegamento. El cuarto donde más me enfoqué fue en el de David, porque lo escuché decirle a mi amigo Bobby que él se había robado una suma de dinero bastante grande el día anterior.

Luego entre a la habitación de Matthew y encontré una rotura en el colchón que contenía unos novecientos dólares. Tomé el dinero y se lo dí a Philip, diciéndole lo que había ocurrido. Salí y me compré unos pantalones de seda y lana, además de unas camisas de doble tejido. Esto significaba mucho para un muchacho de mi edad, porque normalmente no podíamos comprar cosas como esas. Mi padre nos preguntó de dónde estábamos sacando el dinero y le dijímos que lo habíamos encontrado y él ya no nos hacia más preguntas. De todos modos él casi nunca estaba por los alrededores, porque se pasaba con otras mujeres. Mi madre y él se pasaban peleando constantemente.

Hubo momentos cuando mi madre necesitaba comprar comida, pero no había dinero porque mi padre no le daba. Para alimentar a nuestra familia ella iba al supermercado llevándonos con ella. Recuerdo que mi madre siempre llevaba una cartera muy grande en donde echaba los artículos que no podía pagar. Ella echaba pasta de dientes, jamón, queso y un sinnúmero de cosas más.

Nosotros la veíamos hacer esto y le ayudábamos echando cosas en nuestros pantalones. Como usábamos abrigos muy largos nadie se daba cuenta de lo que nos llevábamos. Mi madre hacia esto porque no tenía el dinero suficiente para comprar las cosas que necesitaba para doce personas. Bajo su ignorancia, ella nos estaba enseñando a robar. Luego me dí cuenta del alto precio que pagó por sus acciones.

Fue de mucha alegría haber vivido en la Calle Leithgow. Aún cuando era un vecindario mixto, todos los muchachos nos manteníamos juntos. A veces Bobby, su hermano Joey, mi hermano y yo nos separábamos en pequeños grupos para pelear el uno contra el otro, pero ninguna persona de otro vecindario podía venir al nuestro hacer lo mismo porque nos uníamos todos los hispanos, las pocas familias morenas, los alemanes, irlandeses y hasta las dos familias mongoles para proteger y defender el vecindario de otros grupos.

Pero aunque nos uníamos para pelear contra otros, hubo momentos en que nos peleábamos entre nosotros; familia contra familia – la familia Pérez contra la familia Acoffs; los Acoffs peleando contra los Brady; los Brady peleando contra la familia nueva de morenos que acababan de mudarse con sus seis hijos. Luego nos uníamos para pelear contra los de otros vecindarios. Después de un tiempo nos considerábamos ser la pandilla de la calle Leithgow y Berks. Solíamos escuchar sobre las guerras de las pandillas reconocidas que ocurrían en otros lugares del vecindario. Mientras que nosotros no teníamos verdaderas guerras de pandillas en nuestro vecindario, un poco más arriba de la cuadra en la calle Ocho y Berks, en un vecindario predominado por los morenos, solían darse bastantes guerras de pandillas. Escuchábamos de jóvenes que se estaban matando los unos a los otros.

Mientras tanto, nosotros estábamos ocupados aprendiendo a robar, faltando a la escuela y metiéndonos en todo tipo de problemas. En una ocasión a mi amigo y a mí nos encerraron porque nos sorprendieron robando en una casa del vecindario. Tenía sólo ocho años para ese entonces y nos llevaron a la estación de la policía. Lloré y lloré porque no quería ser arrestado. Luego de un tiempo me fuí acostumbrando y la segunda vez cuando me encerraron por oler pegamento, se me hizo más fácil aceptarlo. Es así como comienza mi vida de crimen, viviendo y criándome en el norte de Filadelfia.

Alguien fue Apuñalado

Una noche de verano en el 1966 a la tres de la mañana, cuando yo tenía nueve años y aún viviendo en la calle Leithgow, escuché a mi madre gritando. Miré por la ventana y ví que su bata de dormir estaba llena de sangre.

Veía como ella halaba a mi padre alejándolo de otro hombre. Primero desperté a Philip y luego comencé a gritar, "Mami esta herida," "Mami esta sangrando." Los diez corrimos bajando las escaleras; mis hermanas gritando y llorando. Pude ver también que mi padre estaba lleno de sangre. En su mano derecha el sostenía una cuchilla que acababa de usar para apuñalar a un hombre en su costado. Como la puerta del frente estaba rota, pensé que este hombre era un ladrón que intentó irrumpir en la casa y mi padre lo acababa de agarrar. Comencé a gritar, "Papi mátalo. Papi mátalo."

Con rapidez la policía había rodeado todo el vecindario. Al principio la policía pensó que mi madre estaba herida, pero ni siquiera estaba cortada. Mi padre de todos modos tenía la cabeza rota, porque el hombre le había dado con un bate de jugar pelota. Habían estado jugando billar desde temprano e hicieron apuestas. Cuando mi padre ganó, el hombre no quiso pagarle. Entonces mi padre le pegó un puño. Al rato el hombre se apareció con un bate para darle una paliza a mi padre, quien usó su cuchillo en defensa propia. El hombre había sido apuñalado de siete a ocho veces. Esa noche nadie pudo dormir.

Al principio mis hermanos y yo estuvimos jactándonos de nuestro padre diciendo, "Realmente Papi le metió una paliza." Pero al siguiente día comenzamos a escuchar rumores que vendrían unos cuantos hombres a nuestra casa para matar a mi padre. Mikey, Philip, mi hermana y yo tomamos un montón de botellas y las llenamos con orina. Éramos muy rápidos y sabíamos como llegar al techo en sólo unos segundos desde el tercer piso de nuestra casa. Cargamos ladrillos al techo. Esa noche vigilamos para ver si alguien venía. Si hubiesen aparecido, estábamos listos para lanzarles ladrillos y botellas de cristal hacia ellos desde el techo. De todos modos las cosas se calmaron.

Mi padre tenía varios amigos que se comportaban tan locos como él. Tenía una reputación de pelear, cortar y disparar a la gente. No le aguantaba nada a nadie. Parecía que cada vez que volteábamos, alguien lo estaba buscando porque él había disparado o apuñaleado a alguien. En ocasiones, iba la policía a casa buscando a mi padre. Recuerdo que muchas personas no nos querían en el vecindario. Nos llamaban la familia problemática - una familia sin paz. Ellos estaban en lo correcto.

Durante el tiempo que vivimos en la calle Leithgow, mi madre nos sentaba en forma de círculo y nos contaba historias acerca de su vida en la isla de Puerto Rico. Una vez nos contó que la madre de mi padre era bruja; que hasta había volado en una escoba y que todos los vecinos del barrio la vieron. Yo le creí. Nos contaba historia de gente que habían muerto y de gentes que eran invisibles. Mis padres creían en el espiritismo, y mi padre lo practicaba. Por esta causa no había paz en nuestro hogar. Frecuentemente vimos lo que parecía ser nubes oscuras y sombras oscuras paseándose por la casa, pero realmente no entendíamos lo que estaba pasando. Pensábamos que nuestra casa estaba embrujada. Mi padre le prendía vela a diferentes dioses y al espíritu de los indios. Él creía en esto fuertemente, pero no sabía que estaba trayendo toda clase de espíritus malos a nuestra casa.

Una vez nos visitó Catalina Benjamin y dijo que vio una sombra muy oscura envuelta en una llama de fuego y que la misma entraba a la casa por la ventana. Una noche, mi madre vio serpientes cruzando de un lado a otro sobre el techo mientras estaba recostada en su cama. Philip vio a un demonio sentado con sus pies cruzados en la orilla de la ventana que quedaba entre el baño y el cuarto de dormitorio.

Diferentes recuerdos de esos tiempos invaden mi memoria. Un día mi padre encontró a Philip y a Mikey oliendo pegamento. A el no le molestaba que sus hijos tomaran bebidas alcohólicas, pero si le molestaba que usaran drogas y olieran pegamento. Les dió dos veces sobre la cabeza con un cajón de madera que usaba para cargar la leche y luego les dió con un cable eléctrico. Después tomó una lata y le hizo agujeros y le dijo a Philip y a Mikey que se arrodillaran sobre ello. Cuando finalmente se levantaron sus rodillas estaban cubiertas de sangre y llenas de agujeros. Para concluir su castigo, les atravesó una aguja de coser por la nariz para que no volvieran a oler pegamento. Yo me alegré porque no me habían agarrado en esa ocasión.

Un hombre moreno americano llamado Fordham usualmente recogía a mi hermano y a mí para llevarnos a un vecindario mejor para vender unos artículos. Teníamos una carta impresa que le dábamos a leer a la gente. Luego de ellos haberla leído, nos pedían que entráramos a la casa para ver los artículos. Teníamos todo tipo de cosas: ceniceros, servilleteros, jarros para agua, copas plásticas y cualquier otra cosa que encontrábamos para vender y se lo vendíamos a estas ingenuas personas. Finalmente parecía que estábamos haciendo un billete con honestidad, porque lográbamos quedarnos con la mitad de lo que vendíamos. Con frecuencia estas personas tan bondadosas nos daban leche con galletitas dulces y a veces hasta nos daban sándwiches. Pero mientras ellos estaban en la cocina consiguiéndonos comida, nosotros aprovechábamos la oportunidad para ver que nos podíamos robar. Metíamos las cosas en el bolso que utilizábamos para cargar los artículos que vendíamos y no nos volvían a ver jamás.

Capítulo 2

FRECUENTANDO CON LAS PANDILLAS

En el verano del 1967 mi padre decidió mudarse a la calle Franklin y Berks, solo a siete cuadras de distancia de la Calle Leithgow. Este era un vecindario muy malo, con muchas guerras de pandillas. En particular había dos pandillas muy conocidas en el vecindario, la Doce y Oxford y la Ocho y Diamond. Nosotros vivíamos en el 1922 norte de la calle Franklin a la mitad de la cuadra y casi todos los días estas dos pandillas se encontraban a mitad de la cuadra para tener sus guerras de pandillas. Se disparaban unos a otros. En una ocasión fui alcanzado por seis perdigones en la pierna ya que estaba afuera cuando ellos comenzaron la guerrilla. Me caí, pero luego salte gritando, corriendo hacia dentro de la casa.

Frecuentemente cuando estas pandillas aparecían por la cuadra a pelear, nosotros nos íbamos al techo de la casa para lanzar ladrillos. Tanto mi hermano como yo éramos muy queridos por la pandilla de la Doce y Oxford, pues teníamos amigos en la pandilla los cuales eran: Ronnie, Wilma y Jolissie de la familia Halls. También envueltos en la pandilla estaban: Johnny, Frank y William de la familia Cooper que vivían cerca de la avenida Montgomery. Cuando aparecían los de la Ocho y Diamond, como diez de nosotros nos subíamos al techo para lanzarles ladrillos. Cada vez que hacíamos esto, ellos nos buscaban por todas las casas abandonadas. De todos modos nosotros conocíamos muy bien estas casas viejas de la cuadra y teníamos muchas maneras de escapar de ellos. Para nosotros estos tiempos parecían agradables. En muchas ocasiones los veíamos pelear y pensábamos que era algo gracioso.

En los días que no estaban peleando las pandillas, me reunía con mis amigos: Landis, Brad, Little James y Little Butch, quienes vivían cerca de nuestra casa. Peleábamos con los otros muchachos del final de la cuadra que quedaba cerca de la calle Norris. Hacíamos exactamente lo que las pandillas grandes hacían. Nos tirábamos piedras y botellas. Juntos nos íbamos a la calle Diez y Berks donde quedaban los caserios y allí peleábamos con los muchachos de este lugar.

Pronto habíamos comenzado nuestra propia pandilla. Philip y su amigo Brad eran los líderes. Luego comencé a ser el líder de los pequeños y nos llamábamos los Mambos de la calle Franklin. También teníamos a Covance y sus hermanos Poopy y James. Nos uníamos todos para pelear contra las pandillas de los caserios de la calle Diez, especialmente contra un tipo llamado Bubbles. En su pandilla se decía que él era el más valiente de todos y querían que peleara con él.

De camino a pelear con los del caserio de la calle Diez, vimos a la pandilla de la Ocho y Diamond y los de la pandilla de la Doce y Oxford corriendo hacia la calle Nueve como hombres salvajes. Allí comenzaron a pelear en el medio de la carretera, apuñaleándose los unos a otros. Nosotros retrocedimos y bajamos corriendo por la calle Ocho. Se supone que esto fuera una pelea donde todos podían pelear a los puños uno contra uno. Cuando de repente, todo el vecindario estaba cubierto de policías. Nosotros, mientras tanto, estábamos sentados viendo lo que nos pareció algo muy emocionante. No me daba cuenta que entre más veía esta violencia y guerras de pandillas, más curioso me hacia y más deseaba ser participante de ellos. Seguimos con nuestra propia pequeña pandilla, peleando contra los muchachos de más arriba del vecindario. Siempre estábamos en problemas.

Escuela Elemental

Ya para el quinto grado, estaba yendo a la escuela elemental Ferguson, que quedaba a la vuelta de la esquina de mi casa en la calle Franklin y Norris. Mi maestro, el Señor Brown, era un hombre alto, muy pesado y de tez morena. Yo le tenía miedo ya que tenía una paleta de madera muy gigantesca. Si hacías algo incorrecto, él te daba una paliza con la paleta de madera. La mayoría de los padres nunca se quejaban de eso porque de todos modos ellos no podían disciplinar a sus propios hijos.

Con la excepción de dos muchachas gemelas llamadas Martha y Myrna, yo era el único hispano en la clase. Todos los demás eran morenos; casi todos hermanos menores de los pandilleros de la Ocho y Diamond y la de la Doce y Oxford. Yo me había metido en un sinnúmero de peleas con ellos porque no les permitía que tomaran ventaja sobre mí. No le tenía miedo a nadie. Si mi padre se enteraba que yo dejaba que otros me dieran sin que yo hiciera algo, entonces él me daba una paliza por permitir que otros me dieran. Por lo tanto, temía más a mi padre que a las demás personas. Mi padre siempre se veía muy enojado y constantemente se la pasaba gritándonos. Era tanto el temor que le tenía que ni lo podía mirar a la cara.

En esos días se mudó una nueva familia al vecindario. Eran seis hermanos, entre ellos una hermana llamada Maria. También era una familia problemática y juntos tuvimos muchos problemas en el vecindario. Pasado un tiempo se mudó otra familia puertorriqueña al vecindario. Tenían una hija llamada Elizabeth y un hijo llamado John, quien era muy grande para su edad. También había otra muchacha en el vecindario que se llamaba Zuma. Zuma y Elizabeth usualmente faltaban a la escuela y hacían fiestas en sus casas mientras que sus padres estaban trabajando. Otra muchacha llamada Linda, vivía al lado de mi casa y acostumbraba a ir a estas fiestas. Todos la pasábamos juntos pensando que estábamos disfrutando de lo mejor mientras nos embriagábamos. Íbamos a la tienda de licor y comprábamos vino Thunderbird. Cuando regresábamos a la casa, nos emborrachábamos y luego teníamos sexo. Esto lo hicimos por un espacio de dos semanas, luego regresábamos a la escuela por unos días y después nuevamente faltábamos a la escuela. Recuerdo que el Señor Brown me sorprendió después de haber faltado a su clase como por treinta días. Me había quedado oliendo pegamento y robándole a la gente, metiéndome en sus casas.

Teníamos todo tipo de fiesta en la casa de Elizabeth y al mismo tiempo les robábamos el dinero a sus hermanos. Ella se metía en unos problemas terribles, pero volvíamos a hacerlo de nuevo. El Señor Brown vino a donde mí un día y me dijo, "Joey, tú eres un joven con mucho potencial en tu vida. Eres brillante, pero te voy a decir algo. En la manera que vas no vas a lograr nada. Al contrario, puedes terminar como muchos de estos hombres jóvenes, en prisión por vida ó muerto."

Pero no lo escuché. Nunca escuchaba a nadie. Tenía mi propia agenda. Mis propios planes sobre lo que quería de la vida y lo que quería hacer. Una de las cosas que quería hacer era ser pandillero porque ya sentía que lo llevaba en mis venas. Me daba cuenta que a pesar de que solo tenía diez años de edad, ya tenía una gran reputación. Yo peleaba con cualquier muchacho en la cuadra y le podía dar una gran paliza. Era buen ladrón y casi siempre lograba escaparme, aún cuando en ocasiones me atrapaban y me encerraban ya me estaba perfeccionando en el arte de robar.

Cuando estuve en el sexto grado, perdí casi tres meses de escuela. Mi padre finalmente se enteró porque el oficial encargado de las ausencias fue a mi casa. Falté tantos días de escuela por estar metido en la casa de Elizabeth en compañía de Zuma y dos muchachas más Linda y Bertha. Eran cuatro muchachas y siete u ocho muchachos. Mi hermano Philip se enteró y también comenzó a acudir con sus amigos. Había todo tipo de actividades ilícitas: consumo de bebidas alcohólicas, sexo promiscuo y peleas. Algunos de los muchachos se embriagaban tanto que arriesgaban sus vidas porque no podían tolerar el licor. Fue un milagro que ninguno muriera intoxicado. Cuando mi padre se enteró de lo que estábamos haciendo, nos dimos cuenta del gran problema en el cuál nos habíamos metido. Nos castigó de tal manera al pegarnos que nos dejó marcas en todo nuestro cuerpo que nos duraron casi un mes. Me acuerdo que arrancó el cable de la plancha eléctrica, lo dobló dos veces y nos pegó tan severamente que hasta nos dejó cicatrices por el resto de nuestras vidas. Esto me hizo pensar si realmente quería volver hacer esas cosas nuevamente. Pero luego de un tiempo todo se olvidó y comencé a oler pegamento y a robar nuevamente.

Teníamos algunos diez a once muchachos de la cuadra oliendo pegamento. Seguimos robándole a la gente, fumando cigarrillos y tomando vino. Luego nos íbamos a otros vecindarios y nos metíamos a robar en las casas. Nos metimos en la casa de David y Matthew porque sabíamos que David siempre tenía dinero guardado. Recuerdo un día cuando mi amigo Landis, de los Mambos de la calle Franklin, y yo fuímos a la casa de David a robar. Nos llevamos mil seiscientos dólares en efectivo. Con eso compramos todo tipo de cosas: pegamento, drogas, vino y ropa. Compramos pantalones de ceda y lana, Ez Walkers (una marca de zapatos), camisas de doble tejidos y tenis deportivos "Converse" que era lo que estaba a la moda. Algunas de las cosas que compramos hasta se las regalamos a nuestros amigos o familiares. Si no estábamos encerrados en el centro juvenil, estábamos buscando el meternos en problemas.

El sexto grado fue un año muy complicado para la Señora McAlly, nuestra maestra. Ella reconoció el tipo de

24

problema en el cuál yo estaba metido y el camino que mi vida estaba tomando. Más sin embargo, en lugar de tratar de motivarme como lo hizo el Señor Brown, ella constantemente me usaba como un ejemplo negativo en la clase. Ella me ponía al frente de toda la clase y les decía a los demás estudiantes que si yo seguía como iba sería un Don Nadie. Les decía que no siguieran mis pasos. Hoy me doy cuenta que actuó con preocupación por los demás, pero cuando decía estas cosas, mi corazón se endurecía aun más. Claro que ella estaba molesta porque yo faltaba mucho a sus clases. Ella era una mujer morena muy hermosa, pero lo que me dijo me causó mucho daño. Había en mi mente una continua batalla entre lo que me dijo el Señor Brown sobre mi gran potencial en la vida y lo que decía la Señora McAlly de que terminaría siendo un Don Nadie.

Para el otoño del 1968, tenía apenas once años y se suponía que fuera a la Escuela Intermedia John Wanamaker. Yo en realidad no quería ir a esa escuela pero solo fuí unas cuantas semanas. Mi padre para ese entonces decidió mudarse de nuevo a la calle Leithgow y logro que me transfirieran a la Escuela Intermedia Penn Treaty. Allí disfruté mucho pues mi amigo Joey estaba en el noveno grado y yo en el séptimo. Mi hermano Mikey había fracasado un año escolar por lo que ambos coincidimos en el séptimo grado. El hermano de Joey, Bobby, mi hermano Philip y mi hermana Evelyn ya estaban en la escuela superior. Philip estaba en la Escuela Superior para Hombres Edison y Evelyn asistía a la Escuela Superior para Mujeres Kensington. Philip siempre estaba metido en problemas con la ley y con mi padre. Mi padre siempre le estaba dando palizas a Philip hasta que al final terminó en una casa juvenil.

Mi padre compró una taberna en la esquina de la calle Tres y Diamond. Entonces decidió comprar una casa en la misma cuadra y nos mudamos al 2043 norte de la calle

Tres. Nos gustaba el nuevo vecindario porque había muchos jóvenes que les gustaban las fiestas. Había un sinnúmero de pandilleros que frecuentaban la esquina de la cuadra. También había una pandilla conocida como la Nación Zulú. Ellos peleaban contra los de la Ocho y Diamond, Marshall y York, Los Poderosos, y de vez en cuando contra los de la Doce y Oxford. Había un club que se componía de algunos morenos e hispanos que se llamaban por las iniciales LSD, Latin Soul Diplomats ó Alma Latina Diplomática. Ellos caminaban por el vecindario usando sus chaquetas que llevaban el nombre del club.

Cuando nos mudamos a ese vecindario, la gente no tenía idea de quiénes eran los que se estaban mudando. En un tiempo fue un área muy buena, pero pienso que el vecindario hubiera deseado que nosotros jamás hubiéramos aparecido por allí. La gente ya conocía a mis padres. A nosotros nos reconocieron porque íbamos a limpiar la taberna. Ahora era distinto porque estábamos viviendo en la cuadra. Un muchacho que se llamaba Sam y su hermano sordo José, vivían al lado de nuestra casa. Ellos tenían varias hermanas. Al otro lado de la calle vivía un tipo llamado Johnny. Más abajo de la cuadra vivían dos tipos indios, Scott y Andy, junto a sus dos hermanos, José y Junebug. Su padre llevaba a la gente al campo para recoger moras.

Mis hermanos y yo comenzamos a conocer gente nueva. Muchos de ellos eran ladrones de carros y nosotros nos llevábamos muy bien con ellos. Luego de un tiempo iniciamos una pandilla nueva llamada la Tres y Diamond. Philip era el líder de los tipos mayores en edad y yo de los más jóvenes. Yo solo contaba con doce años de edad y todavía estaba en el séptimo grado. Mi padre compró una mesa para jugar billar para mantenernos fuera de problemas y la puso en el sótano de la casa. Teníamos la casa siempre llena de gente, de unos treinta a cuarenta personas. Ingeríamos bebidas alcohólicas, fumábamos cigarrillos ó marihuana, olíamos pegamento, y hasta tomábamos LSD. Salíamos a robar y luego nos escondíamos en el sótano de la casa. La mayoría de los muchachos que frecuentaban con nosotros en el sótano eran mayores que yo, de quince a dieciocho años. A ellos les gustaba que estuviera con ellos porque tenía fama de ser un buen ladrón.

Todos los días Andy, Sam, Scott, José y yo continuábamos yendo al centro de la ciudad para robar. También faltábamos a la escuela para ir a robar. Como mi padre era dueño de una taberna yo sabía abrir las cajas registradoras. Así que nos íbamos a Lit Brothers, John Wanamakers y Gimbels para robar dinero de las registradoras de allí. Todos los días llegábamos con trescientos a cuatrocientos dólares. Lo dividíamos entre cuatro o cinco de nosotros. Yo siempre tenía suficiente dinero.

Hubo ocasiones en las que me iba solo a las tiendas en el centro de la ciudad de Filadelfia, para robar de las cajas registradoras y así llegaba a casa con trescientos a cuatrocientos dólares para mí solo. Me iba por la calle y les daba a mis amigos veinte dólares aquí y diez por allá y quince por acá. Cuando Philip me veía me daba una cachetada y me quitaba la mayoría del dinero. Le tenía miedo a Philip porque tenía la misma imagen de mi padre, siempre dándome y empujándome sin razón alguna. Hasta cierto punto, Philip no quería que yo siguiera sus pasos. Pero también pienso que él me tenía celos. Yo tenía más valor ó más coraje para hacer cosas que él aún no se atrevía a hacer, siendo yo más joven que él.

Después de un tiempo, comencé a enseñarle a algunos de los muchachos del vecindario, entre las edades de trece a catorce años, como ir al centro de la ciudad para robar. Robábamos aquellas cosas que podíamos vender. Frecuentemente nos arrestaba la policía y nos llevaban a la estación policíaca. De ahí salíamos para la casa juvenil por dos o tres semanas a la vez y nadie sabía donde estábamos.

Capítulo 3

EL FUGITIVO

Ya a la edad de doce años me había ido de mi casa y estaba viviendo en las calles. Escuché un día que mi padre estaba muy enojado y que me estaba buscando porque no estaba asistiendo a la escuela. El no se había dado cuenta que ya no vivía en la casa. En ocasiones me subía al tercer piso de la casa donde vivía mi familia, mientras mi padre estaba trabajando, para cambiarme de ropa. Yo cruzaba de un techo a otro, luego entraba por la ventana y ocasionalmente me dormía debajo de la cama. Mi madre usualmente cocinaba mucha comida. Ponía un poco en un envase el cuál colocaba en la parte trasera de la casa, luego silbaba para hacerme saber que estaba allí.

A veces yo dejaba dinero con mi hermana Debbie para que mis hermanos ó hermanas no le dijeran nada a mi padre. Le di también un collar de Muñeca Flatsie, pero tuvo que esconderlo para que mi padre no supiera que ella me estaba viendo. También le daba a mi hermano Mikey tanto como hasta cuarenta dólares a la vez, pero de todos modos se lo decía a mi padre. Recuerdo durante ese tiempo que encontramos una casa vieja y abandonada en la calle Tres y Norris. La limpiamos, la arreglamos un poco y le metimos asientos de carros para sentarnos. Era como nuestra propia casita.

Para este tiempo, mi hermano Philip estaba en el hogar juvenil. Ya llevaba como uno dieciocho meses en el hogar juvenil por haber hurtado unos carros. Se consideraba como el cabecilla de una banda de ladrones de carros los cuales ya se habían robado algunos treinta y dos carros manteniéndolos en el vecindario. Philip solo tenía de quince a dieciséis años, mi hermano adoptivo Juan, a quien llamábamos Blueberry; y Billy estaban todos presos por hurto de carros, aportación y posesión de armas y hurtos de otros artículos.

Cuando me escapé de mi casa, varios muchachos que se la pasaban con mi hermano también comenzaron a escaparse de sus hogares. Estos venían al vecindario para pasarla en la casa que habíamos limpiado y arreglado. Durante este tiempo, siempre se estaban llevando acabo peleas de pandillas. La Tres y Diamond, mi pandilla, siempre empezaba los problemas. Salíamos a la calle Tres y Columbia para tener guerra de pandillas con los puertorriqueños de allí. Luego de un tiempo la Nación Zulú nos consideraba como parte de su pandilla y nos llamaban Low Lane Zulú. Muchos de estos muchachos estaban con nosotros porque eran conscientes de que sabíamos como robar y que siempre teníamos drogas.

Todo Lo Que No Estaba Clavado

Constantemente nos estábamos metiendo en casas para robar. Los camiones bajaban por la calle con muebles y nosotros causábamos una gran conmoción en la esquina de la calle Tres y Diamond haciendo que estábamos peleando. Mientras que el chofer estaba ocupado viendo la pelea, nos metíamos por la parte trasera del camión llevándonos todo lo que podíamos. También nos metimos a la fábrica de lámparas en la calle American y Diamond y nos llevamos las lámparas. Todos los vecinos de la calle Tres y Diamond y su alrededor, tenían muebles y lámparas nuevas de lo que nos habíamos robado. La gente del vecindario no les importaba de donde habíamos sacado las cosas ya que eran muy pobres y no tenían dinero para gastar en muebles.

A veces causábamos que el tren se saliera de la vía para luego tomar lo que podíamos y lo vendíamos. Frecuentemente la policía se la pasaba patrullando el vecindario pero no nos agarraban. Ellos nos aborrecían porque nos subíamos al techo de las casas y les lanzábamos ladrillos rompiéndole los cristales de sus vehículos. Ellos nos llamaban "tira piedras." De tiempo en tiempo nos arrestaban y nos llevaban a la estación de policía y allí nos golpeaban. Cuando ellos averiguaban que éramos de la calle Tres y Diamond entonces si que nos daban una buena paliza. Nos hacían sentar en el piso de la celda mientras que ellos nos tiraban cubos de agua mezclada con orina. Luego entraban a la celda y nos caminaban encima. Es más, todo el distrito nos aborrecían por los problemas que creábamos en nuestro propio vecindario.

Teníamos guerra de pandillas contra los muchachos irlandeses y polacos que vivían en la calle Dos y Norris. Estos se llamaban asimismo por las iniciales PYD-Palethorp y Diamond. En una ocasión cuando estábamos peleando con ellos, yo cargaba un revólver casero de doble cañón. De repente uno de ellos se me acercó demasiado, corrí hacia él y le descargue ambos cañones. Cayeron dos muchachos y el restante de la pandilla los cargaron de regreso a su vecindario. Cuando todos escucharon que yo había disparado a dos, esto se convirtió en algo grande. Naturalmente, yo les dije a todos que mantuvieran silencio sobre esto.

La Casa del Oficial Policíaco

Todos los miembros de la pandilla estaban siendo arrestados. Nos llevaron a la estación de policía y de ahí al hogar juvenil. Finalmente nos entregaron en custodia de nuestros padres. Ya que me había escapado de mi hogar y nadie sabía donde estaba, pasé casi un mes en el Centro de Estudio Juvenil antes que alguno de mi familia supiera que yo estaba arrestado. Finalmente salí.

Solo había estado unas horas fuera cuando me volvieron arrestar nuevamente. Ahí conocí a dos tipos de la Nación Zulú, Bobby y Darnel, los cuales me dijeron que un policía vivía en nuestro vecindario. Decidimos meternos en su hogar. Para ese entonces yo estaba esperando juicio por robo a mano armada. A pesar de todo esto me metí en la casa del policía, le hurte su revólver .38, una pistola .22, trescientos dólares y casi mato a su padre. Intenté asfixiarlo con una almohada porque vio mi rostro y sabía que me podía identificar. Estaba tan arrebatado por haber olido pegamento que no tomé precauciones para esconder mi identidad.

Después de haberle dado dinero a Darnel y a Bobby ellos se fueron huyendo. Yo tenía un revólver a mi lado derecho y otro en el izquierdo metido bajo mi camiseta. Al poco rato, regrese al lugar de los hechos y había policías por todas partes, tanto afuera como en el techo. Estaba tan arrebatado que fui a donde uno de ellos y le pregunté, "¿Qué esta ocurriendo?" A este punto, no me importaba si me agarraban ó no, pues me sentía tan mísero y solitario. Estaba viviendo en las calles, durmiendo en carros viejos, casas abandonadas y mi padre no me quería en mi hogar. Ante la necesidad de esconder lo hurtado me fui a la parte de atrás de mi casa por un pasillo donde la verja ya había sido derrumbada. José, un vecino y miembro de la pandilla, vivía allí con su familia. Tomé el revólver y la vaqueta y los escondí debajo de la casa de José.

Para ese mismo tiempo, el vecino de José, Papo y su esposa Martha, me recibieron en su hogar y me trataron como un hijo. Me alimentaron y cuidaron de mí. Papo y Martha tenían tres hijos pequeños: Chino, Nancy y Amy. Yo dormía en el piso, encima de una cobija. Esta familia cuidaban de mí y a cambio yo les daba dinero. Para mí, Papo era como un hermano mayor.

Le dije a Papo que yo fui quien se había metido en la casa del policía y que tenía sus armas. Decidí entregarlos pero cuando regresé al lugar donde estaban escondidos, se me olvidó llevarme la vaqueta. Al regresar por ésta, Sonia, la hermana de José, me vio. Ella era una de las personas más chismosas que había en todo el vecindario. Se lo contó a su padre quien a su vez llamó a la policía diciéndole sobre mí.

Lo último que supe fue que la policía me estaba buscando. Ya tenía un caso judicial por robo a mano armada y encima de eso estaba en problemas por haber vandalizado la casa de un policía robándole sus armas. Me fui huyendo del vecindario por un tiempo.

En las noches yo regresaba para frecuentar entre los muchachos. Ellos salían a robar carros y yo estaba a su lado. No tenía un lugar permanente a donde quedarme. Mi hermana me contaba que durante las noches mi madre lloraba por mí.

Al igual que ella yo estaba muy triste. Recuerdo una noche que llegué a una casa vieja y abandonada; no había nadie afuera y hacia demasiado frío. Saqué el metal que estaba puesto cubriendo la ventana para impedir que se metiera alguien dentro de la casa. Entré y me quede dormido cubriéndome con una vieja y polvorienta alfombra que me sirvió de cobija y la use para calentarme. El viento soplaba tan fuerte que de repente, como a las tres de la mañana, me desperté. Comencé a llorar. Lloraba porque estaba muy enojado, herido y solitario. Quería regresar a casa pero mi padre no me permitía regresar. Él había dicho que por haberme ido del hogar me podía quedar lejos del mismo. Esa noche en lo único que podía pensar era en matarlo.

En Casa de Nuevo

Un día se mudó una familia morena a nuestro vecindario; una mujer mayor a quien llamaban Señora Mary, su hijo Dion y una hija hermosa que llevaba por nombre Sherry. Siempre le decía a Sherry que ella podía ser una modelo. Esta tenía algunos veintidós años y tenía una hija pequeña llamada Susie. La Señora Mary se enteró que yo estaba viviendo en las casas abandonadas. Muchas veces vio que yo estaba hambriento y me daba algo de comer.

Finalmente, me pidió que me fuera a vivir con ellos. Me dio mi propia habitación y mi propio televisor. Ahora vivía en el mismo vecindario de mi familia, pero estaba viviendo mejor que ellos. La Señora Mary me amaba y realmente me tongoneaba mucho.

Después de cuatro meses en el hogar juvenil, mi hermano Philip fue dejado en libertad. Al encontrarme con él, me maltrataba, me maldecía y sin razón alguna me pegaba. Él continuaba frecuentando con los mismos muchachos de antes y mi padre estaba muy molesto porque él quería que sus hijos tuvieran una vida diferente. Así que Philip se escapó de la casa. Lo próximo que supe fue que él también se había mudado a la casa de la Señora Mary con nosotros. Cuando Philip vino a vivir ahí trato de controlar todo. Él actuaba como si fuera el jefe de la casa tratando a Dion y a mí como si fuéramos sus esclavos. Philip era ese tipo de persona.

Mientras tanto yo seguía siendo un fugitivo. Todavía la policía me buscaba por haber vandalizado la casa del policía. Un día el hermano de Sam, José (el sordo), y yo estábamos oliendo pegamento en el Parque de Diamond Square en la calle Howard y la Avenida Susquehanna. Cuando de repente los policías vinieron por detrás y nos detuvieron. Me llevaron a la estación y comenzaron a hacerme preguntas sobre el revólver que se robaron en el robo. Ellos querían saber sobre el paradero del revólver. Pero yo les decía que nunca me había robado un revólver y que no sabia de que me estaban hablando. Ellos me golpeaban para ver si yo les decía algo, pero desde luego, no les dije nada.

Me encarcelaron y como me había huido de la casa, nadie sabía de mi paradero. Estuve retenido como por un mes en el Centro de Estudio Juvenil hasta que mi padre finalmente vino y logró que me soltaran. Cuando llegó donde mi, comenzó a gritarme y a decirme palabras obscenas, amenazándome que cuando llegáramos a la casa me iba a dar una paliza y que me iba a encerrar en una habitación de la casa por seis meses. Realmente no me importó si lo hacia ó no pues solo quería estar de regreso con la familia. Cuando llegamos a la casa él no me hizo nada. Yo estaba muy contento de estar en casa de nuevo.

Mientras esperaba que me celebraran juicio por el caso de asalto, mi hermano Philip fue nuevamente encarcelado, esta vez en La Casa de Corrección de Filadelfia. Para ese tiempo mi padre también fue encarcelado en el mismo lugar debido a un motín contra la policía que se desató en el vecindario. Mi familia estaba en el techo lanzando ladrillos a la policía mientras ellos derribaban la puerta de la casa para entrar. Al entrar arrestaron a Junebug y a Johnny. Mi padre peleó con algunos diez policías mientras ellos trataban de someterlo. Aun cuando él era un hombre de baja estatura, era muy fuerte y ví como algunos policías volaban por aquellos lugares.

Después de un rato la policía logró ponerle las esposas a mi padre. Lo agarraron por su barba larga y lo arrastraron hasta llegar a la perrera. Mi hermana Evelyn salió de la casa gritando y golpeando a la policía. Ellos respondieron a sus golpes arrestándola y echándola también en la perrera. Cuando la policía agarró a Junebug, quien estaba debajo de la cama, no miraron para ver si había alguien más debajo de esta. Si hubieran mirado nuevamente, me hubieran encontrado porque estaba también debajo de ella, por eso pude escapar. Toda esta conmoción logró la primera plana en el periódico de Filadelfia. Luego de este incidente, la policía constantemente patrullaba las esquinas del vecindario. Esto, claro, detuvo las transacciones de drogas por un tiempo.

El lugar donde más frecuentaban los vendedores de drogas, adictos y la pandilla de la Nación Zulú era en la calle Tres y Diamond. La taberna de mi padre quedaba localizada en la esquina y constantemente estaba llena de miembros de la pandilla Zulú como los de la pandilla de la Tres y Diamond. Chencho, el primo de mi papá, cocinaba en la taberna. Era una comunidad en la que siempre algo estaba ocurriendo en la esquina, si no era una pelea entre las pandillas, alguien estaba siendo herido de bala ó asesinado. Durante este periodo, mi hermano Mikey y yo estábamos continuamente metidos en problemas y en varias ocasiones estuvimos encarcelados juntos.

Luego de unos días en la cárcel, después del motín, mi padre regresó a la casa. Un día mientras estábamos viendo televisión, el equipo de SWAT arrancó los goznes de la puerta de la casa, haciéndose paso para entrar. Buscaron por toda la casa a mi padre, quien era bolitero (persona que anotaba apuestas de las carreras de caballos clandestinamente). Había como de veinticinco a treinta policías con chalecos aprueba de balas buscando a mi padre. Para mis hermanos, hermanas y para mí esto era algo grande. Todos los vecinos estaban mirando a los policías quienes estaban en mi casa con sus cascos antimotines y su otro equipo. Esto ocurría con mucha frecuencia en nuestro hogar. Ya la gente en el vecindario sabía que éramos una familia con grandes problemas. Éramos los más odiados por muchos de ellos. A otros, por lo contrario, no les importaba porque estaban en las mismas cosas que nosotros.

Una Cadena En Mi Cuello

Cuando tan solo tenía doce años mi padre se enteró que yo acostumbraba a oler pegamento. Un día me esperó hasta que yo llegara al hogar. Conociéndolo bien, sabía que me iba a dar una buena paliza así que nuevamente decidí huir del hogar. Mi hermano adoptivo Blueberry tenía una casa vieja donde él estaba viviendo; allí me quedé. Sólo uno días después mientras iba caminando por la calle, mi padre logró verme. Logré huir de él, escondiéndome en el sótano de una casa abandonada. Pero mi padre logró dar con mi paradero y me sacó de ese lugar llevándome hasta la casa a fuerza de golpes por todo el camino. Cuando llegamos a la esquina cerca de la casa donde vivía, comenzó a jactarse delante de sus amigos acerca de lo que me iba hacer. Yo estaba llorando y buscando una manera de escapar de él. Les comentó a sus amigos que me iba atar con una cadena al cuello para así hacer de mí un hijo obediente. Sus amigos se reían, pero yo estaba muy herido por dentro. La cólera en mí crecía más y más hasta el punto que sentí odio hacia todos sus amigos.

Cuando por fin llegamos a la casa, me llevó al sótano y allí me ató la cadena en el cuello dejándome en ese sótano por tres días. Todos los días él abría la puerta del sótano y me decía que iba hacer de mí un hijo obediente. Mi padre injería bebidas alcohólicas y el efecto de ellas le ocasionaban perder su temperamento y hasta lo hacía actuar irracionalmente. No se daba cuenta que mientras yo estaba encadenado en el sótano, en lugar de ser el hijo que él deseaba, mi corazón se llenaba de amargura y odio.

Logré convencer a Wandy, mi hermana pequeña, que me trajera una cuchilla de untar mantequilla la cuál usaría para cortar las cadenas bajo la promesa que la llevaría a la casa de mí primo Frankíe. Más tarde, me enteré que él le pegó a Gigi, mi hermana mayor, porque Wandy había hecho esto por mí. Me tomó ocho horas para cortar las cadenas. Logré irme de la casa y me llevé toda mi ropa nueva. Llené dos maletas nuevas que había comprado con dinero que robé de las cajas registradoras de Strawbridge & Clothier y de John Wanamaker. Antes de irme de la casa me envolví una toalla en el cuello porque todavía tenía el candado y la cadena puesta.

Como lo prometí, llevé a mí hermana a la casa de Franky y seguí caminando a la casa vieja de Blueberry. Cuándo llegué allí, él estaba con algunos de sus viejos amigos y me preguntó qué estaba haciendo por allí. Me dijo que había escuchado que me habían puesto una cadena en el cuello. Yo le dije la verdad. Cuando me quité la toalla del cuello, Blueberry junto a sus amigos, comenzaron a reírse por la cadena que aún tenía puesta. Comenzamos a oler pegamento mientras alguien salió a buscar una segueta para cortar la cadena y el candado.

Ese día en lo único que podía pensar era en el tiempo que mi padre me mantuvo encadenado por el cuello, los pies y la cintura. Ese mismo día comencé a planificar el como iba a matar a mi padre. Aún podía escuchar a sus amigos riéndose y mofeándose de mí como si esto trajera gozo a sus corazones. Todo el tiempo que pasé encadenado me hice la promesa de que asesinaría a mi padre. No sabía que al pensar así estaba abriéndole mi corazón al maligno y le estaba permitiendo a los espíritus de las tinieblas que tomaran control de mi vida. De todos modos me daba cuenta que mí ira iba en aumento y que mi rebeldía era aún mayor.

Tres meses después, hablé con mi madre para ver si podía regresar a casa ya que la policía me estaba buscando. Todavía tenía que ir a la corte porque aún había unos cargos pendientes en mi contra. Le pedí que le preguntara a mi padre si podía regresar a casa. Cuando ella le preguntó, para mi sorpresa, él contestó que podía regresar pero que no podía salir de la casa. Me encerró en mi habitación por treinta días poniéndole un candado a la habitación ubicada en el tercer piso. Se la pasaba todo el día pendiente a que yo no saliera de mi habitación. Para lo único que salía era para comer y luego me encerraban nuevamente. De todos modos, aún cuando mis padres pensaban que yo estaba encerrado, sin ninguna posible salida de esa habitación, yo sabía cómo salir. A media noche me escapaba por una ventana, hacia lo que quería y luego regresaba. Después que pasaron los treinta días mi padre me dejó libre nuevamente.

Capítulo 4

EXPULSADO DE FILADELFIA

Con tan sólo doce años de edad, allá para el 1969, me encontraba en esperaba de juicio para enfrentar una condena de tres años de reclusión en el hogar juvenil, pero en lugar de ir a juicio en su fondo, seguía recibiendo vistas preliminares. No tardé mucho en volver a meterme en problemas mayores. Resulta que me había ido con mis vecinos Sam, Andy y José a robar de una caja registradora. Andy decidió que deberíamos ir al Supermercado Acme, en la Avenida Adams y Roosevelt Boulevard. Entramos con una cuchilla y exigimos que abrieran la caja registradora, nos robamos como unos $3,500.00 y corrimos. Pero como no estábamos muy familiarizados con ese vecindario, no nos dimos cuenta que a la vuelta de la esquina había una estación de policía.

Primero, corrimos dentro de una escuela y nos escondimos en el baño para dividirnos el dinero. Luego nos fuimos a un restaurante a conseguir algo de comer. Para ese entonces los refrescos costaban sólo diez centavos y lo único que teníamos encima eran billetes de veinte y de cincuenta. El gerente del restaurante comenzó a sospechar algo y llamó a la policía aunque en el momento no nos percatamos.

Cuando salimos del lugar se allegó un autobús vacío. Al parecer la policía había evacuado la misma antes. Abordamos el autobús para sólo ver a un par de policías. Inmediatamente retrocedimos para darnos cuenta que el autobús estaba totalmente rodeado por policías y sus carros frenaban frente a nosotros. Sólo uno de nosotros logró escapar. A mí me detuvieron con 1,500 dólares.

La policía nos llevó a la estación y allí comenzaron a golpearnos. Ellos querían que les dijéramos en donde vivía el amigo nuestro que logró escapar. Yo no sabía mucho acerca de él porque acababa de mudarme al vecindario y ni siquiera conocía su verdadero nombre. Como no pudieron dar con su paradero nos enviaron al Centro de Estudio Juvenil por una semana.

Cuando entré al centro todos sabían quién yo era pues el robo a mano armada del supermercado había salido en las noticias, tanto en la televisión como en los periódicos; hasta en el Filadelfia Inquirer lo habían publicado. Me pusieron el apodo de Richie Rico, como le llaman al principal protagonista de la revista de caricatura. Se referían a mí así porque me encontraron con mucho dinero encima, demasiado para un joven de mi edad. Cuando finalmente salí del Centro de Estudio Juvenil, mi padre me envolvió a encerrar en la misma habitación del tercer piso de la casa donde estuve anteriormente por otros treinta días más. Me dio una paliza, pero eso no me conmovió. Me podía dar con un pedazo de madera de dos por cuatro, con un cable eléctrico ó cualquiera otra cosa que él quisiera, pero todas las palizas que me diera ya no tendrían resultado alguno en mi. No sentía dolor porque ya tenía mi corazón endurecido, de tal manera que iba creciendo la ira y el odio que tenía hacia él. Después de treinta días me dejó salir de nuevo.

Un Corazón Endurecido
Nuevamente estaba esperando que me celebraran juicio por tres casos nuevos que se abrieron en mi contra. Todavía estaba enfrentando los tres años en el hogar juvenil, en Glenmills ó en St. Gabriel Hall. Pero aunque estaba esperando la sentencia, continué andando con las pandillas, robándole a la gente, arrebatándoles la cartera del bolsillo a los ancianos. Había tanta ira en mi corazón que tomaba a los muchachitos en un edificio de tres pisos y los colgaba de la ventana hacia fuera. Les decía, mientras ellos gritaban y lloraban, que si no le robaban a sus padres los iba a sacar por la ventana y los dejaría caer para matarlos.
Como ellos estaban tan temerosos accedían a mi

petición y terminaban robándoles a sus padres y me daban el dinero para que así no les hiciera daño. En dos ocasiones lancé a uno del techo desde un tercer piso y a otro desde una ventana en un segundo piso. A uno se le partió un brazo y al otro se le partieron ambos brazos y piernas. Al igual que yo, mi hermano Mikey también estaba lleno de la misma ira y odio hacia mi padre. El se pasaba gritándole a mi padre y diciéndole que algún día lo iba a matar.

Un día le dije a mi hermano Mikey que íbamos a obligar a todos los muchachos nuevos en el vecindario a que se unieran a nuestra pandilla. Mikey contaba con trece años y yo tenía doce. Estos muchachos nuevos eran de las edades de quince a dieciséis años pero nos tenían miedo. Ellos sabían que éramos violentos y que veníamos de una familia violenta. Ya yo había apuñalado y disparado a algunas personas. Ellos sabían que mi padre y su primo Chencho, quién ahora tenía su propio restaurante en la calle Orianna y Diamond como a media cuadra de la taberna de mi padre, habían disparado a un hombre en la cara dejándolo sin ojos. También habían sido apuñaleados en muchas ocasiones. Mis primos eran conocidos como personas que no lo pensaban dos veces para matar a alguien.

Agarramos un grupo de estos jóvenes y los alineamos en la calle. Le entregué a Mikey una cuchilla y le dije que se parara detrás del último de ellos. Teníamos siete muchachos en línea; todos de espalda a espalda. Les dije que le iba a dar tres veces. Si alguno se movía, el último en la línea sería apuñaleado porque Mikey estaba parado detrás de él con una cuchilla. Le dí tres veces a cada uno y ninguno sé atrevió moverse. Ellos lloraban de dolor pero no sé movieron. Así fue como ellos llegaron a ser parte de nosotros.

Muchos de los miembros de nuestra pandilla tenían el mismo dolor e ira en sus corazones que teníamos Mikey y yo. Recuerdo como el padre de Roberto, a quien llamábamos Coco y su hermano Rafael, a quien conocíamos como Vino también los encadenaba. Teníamos también a Nelson, conocido como el Negro. La gente de otros vecindarios oían de nuestra reputación y querían ser parte de nosotros. Muchos eran drogadictos que querían formar parte de los vendedores de drogas en nuestro vecindario. Llamamos a nuestra pandilla los Muchachos Jóvenes de la Tres y Diamond y para ese entonces éramos sesenta en total.

A veces cuando Zulú salía a pelear contra otras pandillas nosotros íbamos con ellos. Yo me crié con muchos de los muchachos de la pandilla Zulú allá en la calle Franklin y Berks. Covance estaba en Zulú así como Poopy, Darnel y muchos más. Muchos de ellos frecuentaban a la taberna de mi padre por lo tanto nos tenían mucho respeto. Muchos les tenían temor a mi padre y a Chencho porque sabían que no le aguantaban nada a nadie.

Un día salimos a pelear con una pandilla llamada la Tres y Columbia. Cuando ellos comenzaron a dispararnos, Philip sacó un rifle M-16 y por otro lado Blueberry tenía un 30.30 Winchester. No sé de donde lo sacaron pero si sé que eran robados. Hubo un tiroteo y más tarde en esa semana los de la Tres y Columbia regresaron con otra pandilla llamada Anthill Mob para pelear contra nosotros. Ellos sumaban como trescientos y eran bien fuertes. Sus muchachos eran jóvenes enormes. Ese día en particular nuestra pandilla estaba dispersada por todas partes, sólo cinco de nosotros estábamos en el escenario al momento.

De todos modos permanecimos en nuestra posición. Cuando Zulú oyó lo que estaba ocurriendo vinieron para ayudarnos. Cuando los Anthill Mob los vieron, dieron media vuelta y se fueron caminando. Recuerdo que nosotros cinco estábamos boxeando con estos muchachos uno a uno. Ellos nos estaban golpeando pero no cedimos para nada. Ellos habían invadido nuestro territorio y teníamos que mantenerlo. La pandilla Zulú contaba como mil de ellos, pero sólo aparecieron trescientos. Zulú no podía creer que nosotros mantuvimos nuestra posición sin ayuda y esto nos dio aún más respeto ante ellos.

Enviado a Puerto Rico

Ya para este punto de mi vida, estaba continuamente metiéndome en problemas y aún estaba esperando por el caso judicial que tenía pendiente. Cuando finalmente voy delante del juez, tenía solo doce años y recuerdo haber visto a mi madre llorar delante de él. Esto me hizo sentirme avergonzado. Me dieron deseos de levantarme y apuñalearla hasta matarla. Cuando era más niño sólo quería el amor y la atención de mi madre pero nunca lo tuve. Pero ahora sentía que era necesario que me tildaran de delincuente juvenil para que ella pudiera llorar encima de mí para demostrarme su amor. Ya era demasiado tarde. Me repugnaba verla hacer lo que hacia porque para mi todo era hipocresía.

Mi madre estaba llorando de rodillas delante del juez, rogándole que no me encerraran. Ella le dijo que me enviaría con un familiar en Puerto Rico. Ya estaba tan acostumbrado a entrar y salir de los hogares juveniles que estaba en la expectativa de volver. De todos modos, el juez tuvo compasión de mi madre y le dijo que yo tenía que salir de la ciudad. Le dio el término de un mes para que saliera de mí.

Llegué a Puerto Rico en enero del 1970. Recuerdo lo mal que me sentía con respecto a ir a un lugar del cuál no sabía nada y comencé a llorar. No quería estar allá. Quería regresar a casa y para empeorar las cosas pensaba que todos en Puerto Rico eran unos jíbaros.

Esta fue la primera vez que conocí a muchos de los familiares de mis padres. Mi abuelo paterno era un hombre alto y muy delgado al cuál le encantaba jugar a los topos. Mi tía María era hermosa y yo la amaba mucho. Ella tenía la piel canela como una india, cabello negro y unos ojos hermosos. Era tan bella, que los hombres del vecindario eran muy atraídos por su hermosura. Tía María tenía tres hijos, dos varones y una hembra. Estaba separada de su esposo y los hombres se la pasaban tratando de acercarse a ella. Era una mujer muy fuerte y también le encantaba jugar a los topos. Después de haber estado unas semanas en Puerto Rico, comenzó a gustarme el ambiente. No era a lo que yo estaba acostumbrado pero no tenía otra alternativa. Mi abuelo me enseñó a jugar topos; un juego que le llamaban "Paripinta." Todo los días cuando el vendedor de periódicos venía a la casa, después de haber vendido sus periódicos, él hacia sus apuestas. Mi abuelo me dio unos cuantos dólares para que yo pudiera apostar en el juego de topos. Hubo muchas ocasiones cuando el vendedor de periódicos se iba a su casa llorando porque había perdido todo su dinero jugando topos con nosotros. A veces el amigo de mi abuelo venía a la casa y también tiraba los topos con ellos. Tía María se agachaba igual que los hombres y también tiraba los topos. Ella me mostró mucho amor abrazándome y tratándome como si fuera uno de sus propios hijos.

Cuando yo estuve en los Estados Unidos me salí de la escuela en el octavo grado. Sólo asistí ocho días. Así que cuando llegué a Puerto Rico tampoco fui a la escuela. Después de un tiempo conocí a algunos de los jíbaros del vecindario. Comencé a enseñarles a Cheo, Eddie y Felito a oler pegamento. Algunas veces nos íbamos a nadar a una quebrada no muy lejos de la casa.

Un día nos fuimos a una finca donde había caballos salvajes que les pertenecían a un hombre llamado Julio. Por falta de hacer algo mejor, tomamos a uno de los caballos, le atamos las patas con una soga y le dimos sobre la espalda. Al comenzar a correr tropezó, partiéndose ambas patas del frente. Nos metimos en grandes problemas. Cuando Julio le dijo a Tía María lo que había ocurrido, esta me dio una gran paliza. Fue tan grande el enojo que me dio contra ella que salió a la superficie todo el enojo que les tenía a mis padres y quería matarla. Pero me dí cuenta que Tía María disciplinaba muy distinto a como lo hacían mis padres. Al día siguiente después de haberme pegado, ella me abrazaba, me decía cuanto me amaba y que no lo volviera a hacer.

Philip continuaba metiéndose en problemas en los Estados Unidos y después que yo llevaba ya cinco meses en Puerto Rico, mis padres decidieron también enviar a Philip. Me alegré tanto al verlo que no me importaba si me tenía que quedar dos años más en Puerto Rico después que él estuviera conmigo. Nos llevábamos muy bien en Puerto Rico. Comenzamos a hacer un sinnúmero de cosas que no debíamos. Peleábamos con todos nuestros primos. Mis abuelos eran dueños de una porqueriza de alrededor de mil cerdos y querían que Philip y yo la limpiáramos. Cuando veíamos a nuestro abuelo acercarse nos íbamos huyendo a escondernos. Nosotros éramos muchachos de la ciudad, no del campo. Como no queríamos limpiar la porqueriza nos íbamos a la casa de nuestros abuelos maternos.

A veces nos metíamos en propiedades privadas para montar caballos que no nos pertenecían. Una vez alguien me dio una yegua que estaba preñada. La llevamos a la finca para montarla pero mientras cruzaba la quebrada esta se resbaló y se le partieron las patas. Estaba tan mal herida que se murió. Excavamos un hoyo de cuatro pies de profundidad por ocho pies cuadrado. Le echamos llantas, pasto y hojas secas sobre el cuerpo para quemarla. Al enterarse la familia, tuvimos muchos problemas.

Un día vimos aproximarse por la calle el hombre que vendía mantecados (helados). Philip, Cheo, Felito, mi primo Johnny y yo tomamos unas bandas de goma; le pusimos unas grapas, las que se usan para sujetar los alambres de "púa" y le disparamos con ella. Philip le dio al hombre en un ojo y por poco lo mutila. Tío Lolo que acababa de mudarse a Puerto Rico de los Estados Unidos nos dio una paliza que nos quitó el deseo de estar en Puerto Rico. En mi enojo también quería matarlo. Todos estábamos castigados y lo próximo que supimos fue que mi abuela llamó a mi padre porque quería mandar a Philip de nuevo a los Estados Unidos.

Yo estaba tan frustrado que les dije que me mataría si mandaban a Philip de regreso sin mí. Mis padres no tenían otra opción sino la de mandarnos a los dos de regreso. Estuve en Puerto Rico sólo seis meses con diecisiete días.

Capítulo 5

EN PROBLEMAS MAYORES

De acuerdo a la corte, no se me permitía regresar a los Estados Unidos hasta que cumpliera los dieciocho meses de sentencia en Puerto Rico. Por lo tanto tenía que tener mucho cuidado para que no me agarrara la policía. Cuando regresé todos estaban alegres; mis amigos, mi hermano Mikey y mis hermanas. Me di cuenta que sé había mudado gente nueva al vecindario y que algunos de los muchachos no estaban respetando a mis hermanas. Ellas nos dijeron cómo las estaban tratando. En pocos días ya estábamos peleando con estos tipos, uno detrás del otro, asaltándolos y quitándoles el dinero. Sus padres ya me odiaban y me llamaban el hijo del diablo. Decían que el demonio había regresado. Nadie quería que yo estuviera por los alrededores porque sus hijos se hacían más violentos y más rabiosos por mi influencia.

Philip comenzó nuevamente a frecuentar sus viejas amistades y terminó viviendo con una muchacha llamada María. Yo sentía lástima por ella porque Philip la trataba como si fuera una perra. Le pegaba y casi la torturaba. Una vez le pegó con un palo de jugar golf pero con todo y eso, ella continuaba con él a pesar de todos estos maltratos. Yo pensaba que ella realmente lo amaba al quedarse con él bajo esas condiciones.

No llevaba mucho tiempo en casa cuando comencé a meterme en problemas nuevamente. Mi hermano y yo estábamos reclutando a nuevos muchachos para la pandilla. Una nueva pandilla llamada los Homiciders ya existía en el vecindario. Louie, el hermano más pequeño de Papo era quien dirigía esta pandilla. Eran como una rama de nuestra pandilla y nos ayudábamos cuando era necesario.

Para ese entonces muchos de los jóvenes estaban oliendo pegamento y otras substancias. Comenzamos a vender un líquido para diluir pintura que llevaba por nombre Tiewall. Encontramos la fábrica que preparaba este líquido y nos metimos en ella para robar. A veces robábamos barriles de cincuenta y cinco galones. Envasábamos este liquido en botellas de refresco y lo vendíamos hasta por cinco dólares. El diluidor de pintura Tiewall se convirtió en una máquina de hacer mucho dinero. A los adictos les gustaba lo que estábamos haciendo y nos mostraban gran respeto por eso. Hasta los muchachos de la esquina nos respetaban porque sabían que no estábamos jugando pues no le teníamos miedo a nadie.

En casa continuaba habiendo más problemas. Mi hermana Evelyn se fue de la casa con su novio John lo que provocó que mi padre lo buscara para matarlo. Después de un tiempo, Philip también se fue de la casa. Philip y María se habían dejado por lo que este se fue a vivir con otra mujer llamada Mae. Sentí que era lo mejor que le pudo haber pasado a María. Ya para finales del 1972, muchas cosas estaban pasando. Aún estábamos causando muchos problemas en el vecindario con las guerras de pandillas; disparándole y apuñalando a mucha gente. Ya no nos importaba nada más y nuestra pandilla se hizo aun más violenta.

Zulú

Un día la pandilla de la Nación Zulú permitió que mi amigo de apodo, Media Noche y yo ingiriéramos licor con ellos y nos dimos gran borrachera. Mi amigo Larry a quien llamaban Bird y James, hermano de Covance, quien vivía en la calle Franklin, también nos acompañaron a tomar licor. Media Noche y yo éramos los únicos puertorriqueños en esa pandilla. Para poder ingresar en la pandilla tuvimos que boxear con veinte muchachos. Yo quería ingresar a los Zulú porque habían dos o tres muchachos con los que me quería desquitar.

Para salir de la pandilla Zulú, uno tenía que pelear con no menos de cincuenta personas. Muchas veces la persona que quería abandonarla no salía con vida de ella. Si lograba salir vivo después que la pandilla le diera la golpiza, era porque Dios tuvo misericordia de él.

También teníamos otra manera para salir de la pandilla llamada el Canguro. Mi hermano Mikey era el juez Canguro de la pandilla de la Tres y Diamond. Alineábamos a los muchachos de la pandilla de manera que estuvieran tomados de las manos. El que quería salir tenía que pasar corriendo por el medio de la barrera hasta llegar al final. Le decíamos al muchacho que quería salir cuantas veces tenía que atravesar la barrera. Algunos de los muchachos quienes corrieron a través de ella lograron hacerlo solo dos ó tres veces; otros sólo una vez ya que al final lo habían apuñalado; le rompían la cabeza ó le quebraban algún hueso.

La pandilla Zulú tenía los mismos rituales. Algunas veces nosotros boxeábamos con ellos y nos manteníamos fuertes hasta el final. Como yo conocía a un sinnúmero de los miembros de los Zulú porque frecuentaban la taberna de mi padre, siempre me trataban como si yo hubiese sido uno de ellos y finalmente me hice miembro de su pandilla.

Yo estaba envuelto en una división de los Zulú que consistía de 150 muchachos. Zulú contaba con seis divisiones distintas.

El que dirigía mi división se llamaba el Gato. En una ocasión la pandilla Zulú tuvo que ir al funeral de Big Bogard, uno de los miembros más viejos quien acababa de morir en un accidente de automóvil. De regreso a casa teníamos que pasar por la calle Ocho y Diamond que era territorio del enemigo. La policía decidió darnos escolta con nueve carros policíacos porque sabían que éstos eran rivales nuestros y que teníamos que pasar por aquel lugar de ida y vuelta a la funeraria. La policía no quería dejarnos solos porque conocían nuestra reputación de comenzar problemas. Éramos tantos en las calles que cubríamos lo largo de diez cuadras a ambos lados. Habían policías en cada esquina y detectives en todo lugar. Zulú tenía la reputación de ser una de las pandillas más grandes y violentas en el norte de Filadelfia. Los más viejos de la pandilla se la pasaban el tiempo bebiendo vino y emborrachándose. Yo les caía bien aún cuando era puertorriqueño. Ellos sabían que yo era loco y que le podía disparar ó apuñalar a cualquiera. A veces me daban un revólver para que yo hiciera los disparos porque sabían que era menor de edad. Otras veces querían que me tropezara con alguien y lo tirara al piso. Nadie esperaba que un hispano fuera parte de la pandilla Zulú.

Miembros de la Pandilla Zulú en el 1972

Se Separa Nuestra Familia

Los problemas entre mis padres estaban en un punto crítico. Ya yo no estaba en los alrededores del vecindario. Cuando me hice miembro de la pandilla Zulú, me las pasaba todo el tiempo con ellos. A la edad de quince años, mis padres se separaron en el 1972. Ellos nunca se habían casado pero vivieron juntos por casi veinte años y procrearon a diez hijos. Mi padre estaba con otra mujer por lo que mi madre quiso mostrarle que ella podía hacer lo mismo. Ella comenzó a vivir con otro hombre sin saber que esto le causaría mucho sufrimiento.

Ella alquiló una casa en la cuadra 4550 de la calle Mole cerca de la calle Wingohocking. Mi padre se quedó en la otra casa. Su novia era quince años menor que él. Yo viví con ellos por un tiempo pero de todos modos la aborrecía y la trataba como a una perra. Después de unos meses encontraron otro lugar donde vivir.

Él le dejó la casa a Evelyn, mi hermana mayor quién también cuidaba de nosotros. Philip estaba en la cárcel para ese entonces. Una mujer irlandesa llamada Sharon cuidaba de nosotros junto a su amiga hispana Doris. Ellas se mudaron con nosotros como por un espacio de un mes. Yo podía cuidarme solo pero mis hermanas y hermanos más pequeños no podían.

Toda clase de personas entraban y salían de la casa y también todo tipo de cosas estaba ocurriendo en la misma. Mis hermanos peleaban todo el tiempo y nosotros hacíamos lo que queríamos pues no había quien nos pusiera orden. Cuando mi madre encontró otro lugar permanente para vivir se llevó a mis hermanos más pequeños, a Willie y a Wandy, a vivir con ella.

El resto de nosotros nos quedamos porque no nos agradaba el hombre que vivía con ella. Nos quedamos en la casa en la Tres y Diamond, haciendo aún las mismas locuras; oliendo pegamento, en guerras de pandillas y metiéndonos a robar en fábricas y casas. Para ese entonces recuerdo haber estado tan enojado y frustrado por la separación de mis padres que me sentía muy miserable.

Un día dije a mi pandilla que iba a matar a alguien. Ellos me miraron como sí yo hubiese enloquecido. Cada vez que salía intentaba matar a alguien sólo para desquitarme con la sociedad por la frustración que sentía. En una ocasión algunos miembros de la pandilla de las calle Dieciséis y Wallace vinieron a visitarnos. Ellos se endrogaban con nosotros cuando venían, porque eran pandilla vecina. Ese día decidieron ir a la calle Marshall y York y al vecindario de la Ocho y Diamond a golpear a alguien. Eso de causar daño estaba en mi corazón, por lo tanto todos estuvimos de acuerdo. Comenzamos a caminar hacia esos vecindarios; algunos con revólver y otros con cuchillos. Mientras íbamos bajando por la calle nos encontramos a unos muchachos jóvenes que eran miembros de otra pandilla. Corrimos hacia ellos y comenzamos a golpearlos, ellos cayeron pero se levantaron tambaleando.

Dos días después comienzan los arrestos, la policía arrestó a toda la pandilla. Yo estaba ya en probatoria y tenía en mi contra un intento de asesinato por lo cuál tuve que ir a la corte. Ahora estaba siendo investigado al igual que otros treinta jóvenes. No obstante, la policía me dejo en libertad porque ellos dijeron que yo no era de la pandilla Zulú.

No estuve fuera por mucho tiempo porque mi oficial de probatoria logró encontrarme al día siguiente. Estaba cerca de mis dieciséis años y confrontaba una sentencia de casi cinco años de cárcel. Estaba metido en tantos problemas que el tribunal buscaba como sentenciarme por todos mis delitos y así sacarme de las calles.

Pero otra vez, la policía tuvo que dejarme en libertad porque no tenían suficiente evidencia para acusarme de los cargos en mi contra. Cuando fui delante del juez, se hablo de una sentencia de tres a cinco años. Más sin embargo, mi abogado, el oficial de probatoria y el juez se pusieron de acuerdo que en lugar de una cárcel, yo fuera enviado a un programa de gobierno. Si terminaba en dos años con buena conducta no tendría que cumplir el último año.

Indiana

Fui enviado a Attabury Job Corps, un programa de gobierno en el estado de Indiana que quedaba como a media hora de su capital Indianápolis. Recuerdo como me preparaba para irme. Todos estaban alegres por esta decisión, inclusive hasta yo estaba alegre porque reconocía que me estaba poniendo demasiado violento y quería alejarme de ese ambiente. No había paz en mi vida y quería cambiar. Finalmente, mi madre se llevó al resto de mis hermanos a vivir con ella. Evelyn y Philip ya estaban viviendo por su propia cuenta y yo fui enviado al programa del gobierno para cumplir la sentencia.

Mis compañeros de pandilla hicieron una colecta de licor y drogas; nos reunimos y todos comenzamos a tomar licor y a usar drogas hasta embollarnos. Hacían chistes y bromeaban acerca de mi pronto regreso diciendo que no me quedaría mucho tiempo en ningún lugar. Yo les decía que no iba a regresar jamás y de regresar, sería un hombre totalmente diferente. Yo tenía que cambiar mi vida. Recordé las palabras del Señor Brown cuando estaba en el quinto grado, que yo tenía el potencial de ser alguien mejor.

Aquel día me embriagué de tal manera que casi no me pude levantar la mañana siguiente para salir hacia el programa del gobierno. Finalmente, logré empacar mi ropa y partí. No le dije adiós a nadie, ni siquiera a mi familia. Simplemente me fui. Me monté en el tren Amtrak el cuál se tomó casi veinticuatro horas en llegar a Indianápolis.

Durante todo el viaje sólo pensaba en cambiar mi vida. Todo el mundo me decía que yo podía lograr mi diploma de GDE (Grado de Equivalencia) en este programa ó aprender algún oficio y así lograr conseguir un buen empleo. Pensé que el Job Corps iba a hacer un paraíso, sin darme cuenta que sería otro infierno. No sabía que el mismo tren estaba transportando a otros veinte muchachos de

Filadelfia, algunos dieciséis de Nueva York, de Baltimore y otros de Washington D.C.

Cuando llegué, un autobús me fue a recoger. A la vez que se iba acercando me daba cuenta que no era el único a quién ellos iban a recoger. Llegando al centro ví a un grupo de muchachos esperando afuera. Había muchos edificios, algunos amarillos y otros azules. Los amarillos eran los dormitorios de honor y los azules eran dormitorios para los del barrio. También ví algunos muchachos que estaban vestidos con vestimentas para hacer ejercicios con sus nombres timbrados. Me parecía como un campo de concentración. No tenía idea en lo absoluto a donde me estaban llevando.

Finalmente al bajar del autobús, nos llevaron a una habitación y allí nos entregaron unos números. Mi número fue el 0323019, que significaba que llegué el tercer mes, la segunda semana del año 1973 y que fui la persona número diecinueve que había llegado ese día. Había algunos cien ó más muchachos en el salón para orientación. Un hombre alto, robusto y moreno entró a la habitación y se presentó asimismo como el Señor Ship. Al principio pensé que era un religioso porque inicio la orientación diciendo que inclináramos nuestras cabezas para hacer una oración. Así que todos inclinamos nuestras cabezas y supuestamente oramos con él. Yo ciertamente no sabía orar y lo miraba como si él estuviera loco.

Después que terminó de orar, comenzó a hablar palabras obscenas. Prácticamente le quitó la pintura al techo echando maldiciones por su boca. A la manera en que él hacia eso nos iba infundiendo temor en nuestros corazones. Nos hizo saber que él no estaba jugando con nosotros. Al oír lo que él decía pensaba, "¿En dónde me he metido?"

Capítulo 6

El JOB CORPS

Inmediatamente después de la orientación, llegamos al lugar a donde estaban los dormitorios y nos asignaron las camas. En este edificio estaríamos por dos semanas en una orientación vocacional. Luego de esto nos asignarían nuestros dormitorios. Lo próximo fue llevarnos a la barbería, allí el barbero nos raspo todo el cabello hasta dejarnos calvitos. Jamás en mi vida se me había cortado el cabello hasta dejarme calvo. Sólo tenía dieciséis años y no tenía idea de lo que me estaba ocurriendo y mucho menos sabía en dónde estaba.

Luego nos llevaron a otra habitación donde estuvimos sentados por un tiempo muy prolongado. Mientras estaba sentado allí, recordaba lo que Lefty me había dicho sobre estos programas del gobierno. Lefty era miembro de nuestra pandilla que recientemente acababa de regresar a su casa del mismo programa. Él había dicho que en el programa de gobierno no era como pelear de esquina a esquina. Cuando llegabas allí, todos los de la pandilla de Filadelfia permanecían juntos. En nuestro vecindario nos matábamos unos a los otros pero en el programa todos se unían para pelear en contra de los de otra ciudad ó estado. Me había dicho que Filadelfia y Nueva York se unían para pelear en contra los de Chicago y Detroit. Su consejo fue que solo estuviera con los de Filadelfia.

Mientras estaba sentado allí, un par de muchachos preguntaron si había alguno de Filadelfia. Así que, yo abriendo mi boca dije, "Sí, yo soy de Filadelfia, ¿Cuál es el problema? ¿No te gusta?" Yo pensé que esos muchachos querían pelear y yo estaba listo para pelear contra ellos.

Ellos de todos modos retrocedieron diciendo, "¡Cálmate! ¿Cuál es tú problema? Nosotros somos de Filadelfia también." Me preguntaron, "¿A qué pandilla pertenecías?" Y les contesté que era de los Zulú. Había un par de muchachos conmigo que eran de otra pandilla. Otro muchacho decidió ingresar al Job Corps por su propia cuenta porque él quería hacer algo con su vida. Cuando les dije que era de la pandilla Zulú, ellos me apodaron Zulú. Ellos fueron a donde un muchacho llamado Little Easy, quién también era de su misma pandilla en Filadelfia. El vino a verme dándome su propia orientación acerca de lo que debería esperar en ese lugar.

Descubrí que había cerca de 2,300 jóvenes que abarcaban el programa. La mayoría de ellos fueron enviados por un juez y otros estaban allí por su propia voluntad. Tommy me dijo, "Aquí estamos en pelea con Chicago, mejor conocidos como los Chi–Town." Los de Filadelfia son conocidos como los "Philly-Thang." Me dijo también que no me preocupara porque Filadelfia tenía una buena reputación allí.

Uno de los muchachos que llegó allí conmigo de Filadelfia, un muchacho moreno, alto y flaco llamado Kenneth, quien tenía por apodo Smiley, se convirtió en mi pana. Él era de los Tenderlines de la pandilla en la calle Treinta y Uno y Huntingdon. Siempre estábamos juntos y así pasamos por la orientación. Pero a la vez que nos asignaron el dormitorio, nos separaron.

Un Líder

Mientras estábamos en la orientación nos dábamos cuenta que no iba hacer un lugar fácil. Me percaté que no era el paraíso que me había imaginado. Smiley fue enviado al dormitorio 1011 y yo fui enviado al dormitorio 1010. Cuando entré al área del dormitorio ví doce camas. Todos los muchachos que estaban tomando la orientación tenían que dormir en la misma habitación. Recuerdo al gerente del dormitorio, el Señor O'Neill, un hombre moreno y de una actitud muy buena. El Señor O'Neill me miró y me hizo líder del área asignada. Esto quería decir que yo era responsable de que los doce muchachos siempre mantuvieran limpia las habitaciones y que siguieran las reglas todos los días. Los dormitorios tenían un total de treinta y ocho muchachos. Había doce que dormían en las áreas asignadas y el resto dormía en sus propias habitaciones que a su vez tenían sus propias duchas. Luego de probar quién merecía la habitación privada, entonces era transferido a ella. Yo me alegraba de que pudiera ser líder del área asignada. Comencé a conocer a muchachos de todas partes de los Estados Unidos y era responsable de proveerles todo el equipo de limpieza que necesitaban para mantener las habitaciones inmaculadas.

Yo le caí bien al Señor O'Neill y me esforzaba mucho por ser un buen líder porque quería que me pasaran a una de las habitaciones privadas. Pues en el área asignada había quienes se metían en los armarios y se robaban el dinero ó las pertenencias. No obstante, en las habitaciones privadas tenías tu propia ducha y no tenías que compartirla con dos ó tres muchachos más. Se te asignaba junto a otro muchacho quien sería tu compañero de habitación, lo cuál era mejor que tener que compartir un área asignada con once personas más.

Después de treinta días, el Señor O' Neill me asignó a una de las habitaciones, haciéndome a su vez líder de esa área. Ahora estaba a cargo de treinta y ocho muchachos. Mi asistente de esa área era Rodney, uno de Nueva York y Gary era mi líder de área asignada. Éste tenía un líder asistente de área asignada bajo su mando. Todos los meses teníamos limpieza general que implicaba despejar todo el piso y limpiarlo completamente. Yo les mostraba como hacerlo y ellos luego lo hacían. Mientras ellos limpiaban el piso yo me iba a dar vueltas visitando a los muchachos de Filadelfia. Averigüé que había, 450 muchachos jóvenes de Filadelfia con los que comencé a frecuentar. Sólo me embollaba ocasionalmente porque no había drogas a menos que alguien la introdujera. A veces algunos muchachos lograban infiltrar un poco de vino y con solo el olor nos emborrachábamos ya que nuestro sistema estaba limpio por el tiempo que llevábamos en aquel lugar.

La pandilla de la Tres y Diamond en el 1973

Problemas

Luego de un tiempo, el Señor O'Neill renunció a su trabajo y fue reemplazado por un hombre llamado Señor Dixon. Ese hombre parecía que nadie le agradaba. Cada vez que me decía que hiciera algo lo realizaba. Smiley y yo éramos buenos amigos y juntos comenzamos a crear problemas. A pesar que habíamos unos 450 de Filadelfia y que no estábamos allá en casa teniendo guerras de pandillas, a veces nos peleábamos dormitorio contra dormitorio; el amarillo contra del azul.

De vez en cuando nos metíamos en problemas con los muchachos de Chicago. Muchas veces nos encontrábamos en el teatro y alguno de los muchachos de

Chicago nos lanzaba una batería pila A y nosotros se las lanzábamos nuevamente. El guardia de seguridad tenía que entonces detener la pelea que se desataba por este simple evento. Como diez guardias de seguridad venían con sus macanas de noche para agredirnos a como diera lugar. En muchas ocasiones no nos dejaban ir al cine por las peleas que se desataban entre los de Filadelfia y Chicago. A Smiley y a mí nos encantaba la reputación que teníamos en el programa del gobierno. Escribíamos graffiti en las paredes. Yo escribía el nombre de la pandilla Zulú y Smiley escribía su nombre. Cinco meses después daban una recompensa de cincuenta dólares por el que entregara a Zulú y a Smiley.

Attabury Job Corps en el 1973

También faltábamos a las clases y nos íbamos a lo que era el cementerio antiguo alemán. En una ocasión esto fue una cárcel para prisioneros de guerra, y luego se convirtió el centro del Job Corps. En ocasiones nos metíamos en estos edificios viejos que todavía no se habían restaurado para el centro y encontrábamos bombas ó granadas en ellos que ya no tenían pólvora. Nos las llevábamos con nosotros y cuando todos teníamos momentos libres se las lanzábamos a otros muchachos en forma de broma.

Cada mes recibíamos treinta dólares por estar en el programa los cuales usábamos para los juegos de apuestas. En ocasiones me iba a la comisaría para comprar meriendas a precio regular y luego las revendía a un precio doble. Si alguna persona quería comprar a crédito me tenía que pagar hasta cuatro veces más del precio regular. Estos muchachos lo pagaban. Me estaba haciendo de buen dinero vendiendo estas meriendas desde mi habitación. Si me agarraban vendiendo, me hubieran penalizado y hubiese tenido que pagar una multa. Pero nunca me agarraron.

Luego de haber estado ocho meses en el centro recibí un pase para ir a mi casa. Yo estaba muy pendiente a ese día ya que me hacia falta mí casa. Le escribí cartas a Mikey, Vivian y a los demás amigos porque ya quería verlos. Se me otorgó un pase de catorce días, pero terminé tomando veintisiete días.

Cuando llegué a Filadelfia celebré con una gran fiesta y nuevamente me emborraché extremadamente. Esto fue para finales de septiembre del 1973. Comencé a salir con los Zulú nuevamente. Parecía que me volví más agresivo y violento en el programa del gobierno.

Un día unos de los muchachos de la pandilla de la calle Ocho y Diamond vinieron por la licorería en la avenida Germantown y la calle Norris para comprar licor. Había tres de ellos y cuatro de nosotros, así que comenzamos a correr detrás ellos. Pero no nos dimos cuenta que nos habían tendido una trampa. Cuando dimos vuelta a la esquina de la cuadra, había un muchacho esperándonos con una escopeta. Yo iba al frente de los muchachos. A la vez que me iba acercando a ellos, uno salió de un callejón y me encañonó con la escopeta, pero se le atascó el casquillo. Al ver esto le arrebaté la escopeta y le di con ella. Él comenzó a correr. Yo solté la escopeta y me fui detrás de él, pero decidí dejar que se fuera y regresamos a la licorería. Cosas como éstas me ocurrían constantemente. Muchas veces me enfrente a la muerte, pero no me importaba si moría, porque de todos modos me aborrecía a mi mismo y de igual manera odiaba a los demás. No me importaba si me mataban. Fueron muchas las veces que deseaba morir porque estaba aborrecido de la vida.

Se suponía que regresara al programa del gobierno el 13 de octubre del 1973, pero esa noche los Zulú estaban tramando una guerra de pandilla. Les dije que como yo me iba que me entregaran una pistola. Esa noche yo quería hacer los disparos personalmente. Me entregaron un revólver calibre .38. Me fui con cuatro de los muchachos de los Zulú: Kimba, Barry, Little Kimba y Baron, por la parte trasera de la calle Dolphin. Mientras tanto Mikey, mi hermano Edwin, Peewee y el resto de los muchachos de la Tres y Diamond, al igual que los muchachos de Zulú, venían del oeste por la avenida Susquehanna. Cinco de nosotros nos fuimos por la parte de atrás para a hacer que el enemigo pudiera caer en nuestra trampa.

Llegamos a la calle Nueve y Dolphin y bajamos por la calle Nueve hacia Susquehanna. Cuando llegamos allí, había muchos de los muchachos de la Ocho y Diamond parados en la esquina donde frecuentaban. Viéndolos comenzamos a correr hacia la calle Siete porque el resto de los muchachos venían por la avenida Susquehanna. Alguien gritó, "Los Zulú están detrás de ustedes." En cuanto ellos voltearon, yo comencé a disparar. Al principio se me atascó el revólver, pero luego comencé a disparar. Algunos de los muchachos comenzaron a caer y cuando miré otro se estaba escondiendo detrás de un carro. Me acerque al individuo y le puse el revólver en la cabeza. Ya listo para disparar, halé el gatillo dos veces, pero este se atascó. El muchacho comenzó a gritar por lo que dejé que se escapara.

Comencé a correr hasta que les pasé a todos los demás y llegué a la calle Cuatro y Susquehanna. Me deshice del revólver en una casa abandonada y esperé que aparecieran el resto de los muchachos. De repente, había policías por todas partes. Esa noche regresé a casa como si nada hubiera ocurrido.

Al día siguiente abordé un autobús y regresé a Indianápolis. Mikey me escribió un mes después para decirme que nadie había muerto en aquel tiroteo. De todos modos la pandilla de la calle Ocho y Diamond ahora estaba buscando al que había hecho los disparos. Al regresar al programa les conté a los muchachos algunas de las cosas que hice mientras estuve en casa. Yo quería regresar a Filadelfia, pero sabía que no podía. Tenía que quedarme más tiempo en el programa porque esa era mi sentencia.

Educación

Mientras estuve en el programa tomé el curso de hojalatería y pintura. Pensé que tal vez podía abrir mi propio taller. De todos modos no me gustaba mucho e intenté otras cosas. A mi llegada al programa mi nivel de lectura estaba en trescientos puntos lo cuál era equivalente a un noveno grado. Debía llegar a un nivel de mil doscientos y entonces podía tomar mi prueba del cuarto año, el GDE. Estuve luchando por esto pues quería tener mi diploma de cuarto año y también quería terminar con algún tipo de oficio para poder hacer algo con mi vida.

Me gradué del curso de hojalatería y pintura en nueve meses pero como tenía que terminar el restante de mi sentencia, tomé un curso culinario. Pensé que tal vez algún día podría abrir mi propio restaurante. En una ocasión hasta le cocinamos al Alcalde de Indianápolis. Eso fue una gran cosa para nosotros.

Luego de unos meses fui trasladado a otro dormitorio de honor. Fue el dormitorio 1003, uno de los más limpio de todo el programa y me designaron presidente de dormitorio. Aún cuando me pasaba metido en problemas, recuerdo haber pensado que alguien estaba conmigo porque le agradaba a todos los gerentes de dormitorio.

Como presidente tenía seis dormitorios para supervisar con un total de 156 muchachos, con seis líderes y seis líderes asistentes para ayudarme. Todas las habitaciones en 1003 tenían dos camas en cada cuarto y cada una tenía su propia ducha. Era mi responsabilidad de cuidar de ese dormitorio. Siempre estábamos ganando méritos y se nos elogiaba por ser unos de los más limpios en todo el programa.

Attabury Job Corps en el 1973

Aún con todo eso, nuestra manera de ser no cambiaba, pues siempre en los fines de semana nos escapábamos para la ciudad. Algunos de los muchachos compraban marihuana para infiltrarla en el programa y nosotros nos endrogábamos con ella. En ocasiones era tan fuerte el deseo de endrogarnos que hasta olíamos gasolina, diluidor de pintura ó cualquier cosa con tal de endrogarnos.

Teníamos un gerente de noche que me agradaba por la forma en que hablaba ya que tenía un verdadero acento del Sur. Su nombre era Señor Brewer, siempre se ponía sus botas de vaquero y un sombrero muy grande. Un día me dijo, "Zulú, hoy tienes KP, estas encargado de la cocina." Todos me llamaban Zulú, hasta los gerentes. Él me dijo, "Hoy quiero que te vayas a la línea de la cocina." Tuve que rotar a veinticuatro muchachos durante el desayuno, almuerzo y la cena por una semana completa. Una vez al mes este dormitorio tenía que hacer KP y todos los días estos veinticuatro muchachos alimentaban hasta dos mil personas en el centro. El Señor Brewer siempre recibía un buen reporte con respecto a la labor que estamos realizando y nos felicitaba ya que lo estábamos haciendo muy bien.

Pero en una ocasión cuando al dormitorio le toco hacer KP ya yo iba de camino a los peores problemas de mi vida.

Capítulo 7

DE REGRESO A FILADELFIA

Mientras hacia este KP, un muchacho de Chicago me preguntó si mi nombre era Zulú. Yo le contesté en forma afirmativa. También preguntó si era de Filadelfia a lo que contesté nuevamente que si. Luego me dijo que por la noche en el teatro Filadelfia y Chi-Town iban a salir para tener una pelea. Le dije que estaríamos listos.

Mientras los muchachos de Filadelfia comenzaron a pasar por la fila, comencé a decirles a algunos de ellos sobre lo que estaba pasando. Mientras ellos pasaban con sus bandejas yo me robaba las cuchillas de pasar mantequilla y las de picar carnes y se las daba. Cuando fuimos al teatro esa noche estábamos planificando hacer mucho daño, pero una vez que llegamos allí, no hicimos nada.

Dos días después fue cuando realmente comenzaron los problemas. Nos fuimos a algunos de los dormitorios y encontramos a muchachos de Chicago y de Detroit. Les hicimos frente y comenzamos a pelear. Lanzamos algunos por el balcón del segundo piso y a otros los llevamos a la parte de atrás y los echamos por las escaleras. De pronto lo que había comenzado como una pelea se había tornado en un verdadero motín. Al lugar se personaron los guardias de seguridad para detener la trifulca pero algunos de nuestros muchachos comenzaron a voltear los carros de la seguridad. Los guardias llamaron a la base armada que quedaba al cruzar la calle porque éramos demasiados. Finalmente restauraron la paz en el programa.

Sin Evidencia

Luego que todo se calmó, había como cuarenta muchachos del programa heridos al igual que seis guardias de seguridad y también tres carros de ellos volteados. Al día siguiente aparecieron oficiales locales y federales. Al igual que soldados del otro lado de la calle. Ellos comenzaron la investigación yendo de dormitorio en dormitorio investigando quién había comenzado el motín. Como una semana después vinieron a buscarme y me condujeron a la oficina de seguridad. Allí había investigadores federales. Estos comenzaron a hacerme preguntas y a golpearme en la cara.

Recuerdo que cuando entré, el Capitán White, un guardia de seguridad, me levantó del suelo por el cuello de la camisa, me miro en la cara y me preguntó, "¿Tú eres Zulú?" Cuándo contesté que sí, el se rió y me dijo, "¿Cómo rayos te dieron un nombre así, Zulú? Los Zulú son una tribu en el África." Luego me tiró hacia abajo. Me miró otra vez y repitió, "¿Cómo te pusieron ese nombre Zulú?" Le dije que yo era de Filadelfia y que pertenecía a una pandilla llamada La Nación Zulú.

Cuando dije eso todos en la habitación comenzaron a reírse ya que yo tenía la piel blanca, pelo rizado y no parecía africano. Me llevaron a otra habitación y otros tipos entraron y tuvieron una pequeña fiesta dándome cachetadas. Me dijeron que me iban a echar del programa.

El único testigo en mi contra era un tipo joven llamado Blake de Washington D.C. Blake había estado en la fila de la cafetería y escuchó al muchacho de Chicago cuando me dijo lo que iba a pasar en el teatro esa noche. Le preguntaron si él testificaría en mi contra en la corte y él estuvo de acuerdo. Por lo tanto lo soltaron ese mismo día, mientras que a mí, me dejaron encerrado tres días más. El investigador federal me dijo que yo iría a prisión y que de ahí sería enviado a una penitenciaría federal. Para ese tiempo ya tenía diecisiete años de edad.

Lo primero que me pasó por mi mente mientras estaba sentado en la celda donde estuve tres días, fue que no vería a mi familia por un largo tiempo. Cuando llegó el día para ir a la corte, el testigo Blake, no apareció. Luego me entere que los muchachos de Filadelfia lo habían amenazado con matar a toda su familia si se aparecía en la corte a testificar en mi contra. Le dijeron que enviarían gente de Filadelfia a Washington, que sólo quedaba tres horas de camino, para ir a matarlos. Se aterrorizó tanto que les dijo a los oficiales federales que él no sabía quién era el muchacho que había comenzado el motín. Como ya no tenían testigo tuvieron que tumbar el caso.

Imposible Cambiar

Aún cuando yo pensaba en cambiar mi vida, era demasiado difícil lograrlo. No podía entender el por qué me pasaba buscando tantos problemas. Luego de cumplir mi tiempo en el programa de gobierno, regresé a Filadelfia.

A los tres meses de estar en mi casa recibí mi cheque de ajuste del Job Corps por la cantidad de setecientos dólares. Les había prometido a todos que les compraría vino cuando me llegara el cheque. Les compré una caja de vino a los cabecillas viejos de los Zulú, otra caja para los muchachos que se pasaban conmigo en la avenida American y Allegheny, y también a los muchachos jóvenes de Zulú que se la pasaban en la calle Tres y Diamond. También compré hamburguesas para todos.

Nos embriagamos tanto que cuando salieron unos jóvenes de la escuela, los detuvimos para preguntarles de qué pandilla eran. Uno de ellos se puso gracioso e intentó darme un puño, pero antes que me diera, lo golpeé con mi bastón de bambú cayendo así al piso, luego le volví a dar dos veces más. Cuando le di por tercera vez con el bastón termine partiéndole un brazo. Comenzó a correr, así que nos fuimos detrás de él.

Luego me enteré que le había contado a la policía lo que había ocurrido. Me encerraron por agresión agravada.

Mi amigo Hardrock, quién había estado conmigo en el Job Corps y el cuál era de la pandilla los Moroco, estuvo conmigo ese día ingiriendo bebidas alcohólicas. Cuando regresó de correr tras los otros muchachos, él también fue arrestado. Yo fui enviado al Centro de Estudios para Jóvenes porque sólo tenía diecisiete años de edad. Hardrock tenía diecinueve años de edad por lo que fue enviado al Centro de Detención de Filadelfia. Una semana después, ya estaba afuera de nuevo y regresé a embriagarme con mis amigos. Pero ahora tenía nuevos cargos judiciales en mi contra.

Después de un tiempo salimos a pelear contra una pandilla enemiga de la calle Cinco y Westmoreland. Habían apuñalado a uno de los nuestros de la Cuatro y Huntingdon, al que llamábamos Little Man. Cuando supimos que él había sido apuñalado, comenzamos a buscar al que había cometido los hechos. Cuando lo encontramos, comenzó a corrernos con un gato para levantar carros. Nosotros saltamos una verja, pero cuando él quiso hacerlo se enredó con su pantalón y cayó al suelo. Yo me di cuenta de esto y regresé dándole dos veces por la cabeza con un palo, luego lo agarré por el cuello y lo apuñalé cuatro veces con un destornillador. Cuando lo dejé caer, saltó y se fue corriendo para su casa. Cada vez que se caía al suelo se levantaba y volvía a correr.

Después de todo esto, había unos cuántos buscándonos por el vecindario de la calle Indiana. Ellos sabían que el que había apuñalado al muchacho frecuentaba en los alrededores de la calle Cinco e Indiana. Cuando nos enteramos que nos buscaban, nos armamos con pistolas. Los cuñados de Philip, Rafael y Manny, tenían una pistola calibre .32 y me la dieron. Smiley tenía un rifle calibre .22 con el caño recortado. Cuando supieron que nosotros estábamos armados con pistolas desistieron la idea de buscarnos. De esta manera, seguimos haciéndonos de una reputación más grande en el vecindario.

Seguimos frecuentando en la calle Cuatro e Indiana, sólo a unas cuadras de la casa de mi padre. Como regresé a vivir nuevamente con mi padre muchos de los muchachos con los que frecuentaba como Richie, Lemon y Gun, vivían en ese mismo vecindario por lo que era más fácil vernos y estar juntos. Todos los días nos embriagábamos y teníamos guerra con las demás pandillas.

Midtown Zulú

Aunque Zulú tenía muchas divisiones en su pandilla tan grande, estas se unían cuando iban a pelear con diferentes pandillas. Un día mientras todos estábamos embriagados, comenzamos a planificar cómo empezar una pandilla grande que fuera de nuestra propiedad. Por un mes no había ido a la pandilla Zulú y ni siquiera a su vecindario. Para salir de Zulú no era fácil. Al ser miembro, había que estar con ellos no menos de cuatro veces en la semana. Así que Larry, Black Hook, Baron y Soul, el líder de los más jóvenes, me estaban buscando por la calle Indiana. No quería tener problemas con ellos pero ya estaba cansado de estar con su pandilla pues ya quería tener mi propia pandilla.

Había regresado del Job Corps más violento que antes por lo cuál sentía que podía comenzar mi pandilla. Soul y Hook me dijeron, "Si te sientes de esta manera, ¿Por qué no comienzas tu propia pandilla llamada Midtown Zulú en el vecindario? Todos los que pertenecían a Midtown Zulú anteriormente están muertos ó presos. Ya no hay por esta área un Midtown Zulú. Deberías comenzarla de nuevo, así no tienes que pasar por la línea para salirte de ella." Para mi fue una buena idea, así que todos nos unimos: Mikey, Peewee, Gun, Richie y hasta algunos de la calle Cuatro e Indiana. Midtown Zulú ya no era una pandilla de morenos, sino que había una mezcla y su mayoría eran hispanos.

Éramos algunos sesenta pero no nos detuvimos ahí; comenzamos a hacer una lista de todas las pandillas pequeñas que había en el vecindario. Comenzamos en la calle Franklin e Indiana y cuando terminamos ya teníamos como 250 muchachos en la pandilla. Tan pronto como los demás escucharon lo que habíamos hecho y de la reputación que ya teníamos, muchos se unieron a nuestra pandilla.

No importaba al sitio que fuéramos, siempre creábamos muchos problemas. Cada vez que íbamos a una fiesta la gente nos pagaban para que no entráramos. Pero aún después que nos pagaban, entrábamos y les trastornábamos la fiesta de todos modos. Cuando íbamos al teatro comenzábamos peleas con otras pandillas. No había a quién les cayéramos bien; hasta peleábamos con los de la vieja cabecilla de la pandilla. Aunque sólo teníamos de diecisiete a diecinueve años de edad, peleábamos con hombres mucho mayores que nosotros. Éramos como locos. La gente nos disparaba para matarnos y nosotros hacíamos lo mismo. Les explotábamos sus carros. Si la gente se mudaba del vecindario para luego vender sus casas cuando regresaban para venderla, ya no tenían casa porque le rompíamos los vidrios de las ventanas, les arrancábamos las puertas y le vendíamos los tubos de cobre. Hacíamos todo lo posible por conseguir dinero para comprar drogas y vino para embriagarnos.

Miembros de la Pandilla Zulú, 1973

Había unos homosexuales que vivían en el vecindario y también queríamos echarlos de ahí. Pero hablamos con uno de ellos llamado Val y le dijimos que si querían quedarse viviendo en el vecindario tendrían que pagarnos una cantidad de dinero para protegerlos y ellos estuvieron de acuerdo. Val me entregaba pistolas para que no le hiciéramos daño a él y a la reina de los homosexuales. Aún cuando éramos violentos, muchas personas de la comunidad nos veían con simpatía pues les dábamos protección. Si alguien andaba por el vecindario buscando problemas con ellos, nosotros los defendíamos aunque ellos estuvieran equivocados. Le dábamos una golpiza y estos jamás volvían al vecindario.

Un Cambio Interno
Cada día que pasaba me daba cuenta que yo estaba más y más reservado. Me convertí en el primer líder de la pandilla y Richie en el segundo líder. Mikey era el juez canguro y Lemon era el consejero de guerra. Seguimos peleando contra las pandillas y embriagándonos. Nos íbamos a la calle Cinco y Allegheny, al Centro de Recreación y nos embriagábamos con la pandilla de los Uptown Zulú. A veces nos íbamos a la calle Diamond y nos embriagábamos con la pandilla de los Downtown Zulú. Si ese día ellos iban a pelear con alguien, nosotros los acompañábamos. Muchos de los nuestros fueron encarcelados por apuñalar ó por haberle disparado a alguien. A Smiley lo encarcelaron porque lo agarraron con un rifle recortado calibre .22 y tuvo una sentencia a tres años de cárcel. Pero en lugar de ir a la cárcel, él se fue a las Fuerzas Armadas antes que lo pudieran sentenciar y terminó en Alemania.

Unos meses después fui arrestado por cargar una pistola calibre .32. Por poco le vuelo los sesos a un joven con la pistola en la calle Cinco y Westmoreland. No lo hice porque una mujer se arrodilló delante de mí y me imploró que no lo asesinara; mientras tanto, yo le tenía el revólver al

71

muchacho en el cuello. Sentí lástima por ella y lo dejé ir. Ella, al igual que los demás vecinos sabían que lo mataría, pero por alguna razón la cuál no puedo explicar, no lo llegué hacer.

De todos modos llamaron a la policía y me agarraron con el revólver, por lo que me arrestaron. Nuevamente fui a parar al Centro Juvenil como por tres semanas. Cuando salí del mismo, tenía en mí contra otros casos judiciales, uno de robo a mano armada y otro por asalto agravado. Todos los jóvenes de la pandilla me tenían miedo. Algunos de ellos eran unos cobardes, no tenían corazón, pero cuando yo terminaba con ellos, tenían corazón para pelear, para matar a cualquiera y hasta morir por mí. Algunos se atrevieron a saltar frente a un disparo de un revólver ó rifle con el fin de proteger mi vida. La gente nos disparaba y en lugar de irnos corriendo le hacíamos frente.

A medianoche me despertaba sintiéndome solo y miserable. Tenía unas terribles pesadillas con gente que me querían matar. Había apuñalado y disparado a tanta gente que me sentía aterrorizado en cualquier lugar que fuera. Yo sentía que algún día moriría de forma horrorosa. Pero claro, ante mis amigos no podía demostrar como me sentía por dentro. Ellos me veían como si fuera un dios; pensaban que yo era la persona más grande en el mundo. Hasta las jovencitas en el vecindario me miraban de la misma manera. Yo iba a las fiestas y no tenía que sacar a bailar a las muchachas. Por lo contrario, ellas venían y me pedían que bailara con ellas. Algunas de ellas sólo querían ser mis novias por la reputación que yo tenía. Muchas pensaban que siendo mi novia podían iniciar cualquier problema y las personas no les dirían nada. Yo intentaba mantenerme lejos de los problemas, pero nunca pude hacerlo.

Recuerdo un día cuando setenta de nosotros estábamos en guerras pandilleras en la calle Westmoreland. La otra pandilla estaba lanzándonos ladrillos y nosotros también hacíamos lo mismo. De repente saltaron dos tipos de una escalera. Uno tenía un rifle y el otro un revólver calibre .38 en la mano. Yo sólo tenía el palo del mapo, pero corrí hacia ellos gritando, "Mátame, mátame. Tú no tienes el corazón para matarme." Cuando finalmente me acerqué a ellos me di cuenta que se habían quedado paralizados en el lugar donde estaban parados. Se voltearon para meterse en la casa pero Mikey y los demás estaban detrás de mí y nos metimos justamente detrás de ellos. Les dimos con el palo del mapo y hasta sus padres también recibieron una paliza. Mientras estábamos saliendo por la puerta, la policía entró y le dijimos que había unas personas que estaban tratando de matar a alguien. La policía no sabía que éramos nosotros mismos, por lo que logramos escapar ese día.

Capítulo 8

ENCUENTRO CERCANO CON LA MUERTE

Acababa de comprar dos galones de vino y todos nos embriagamos. Estaba con Rafael uno de los muchachos de la pandilla. Él era el dueño de un auto Chevy Nova y decidimos regresar al vecindario. Había tres sentados en el asiento del frente y cuatro en el asiento de atrás, cuando de momento se averió el carro en la calle Orianna y Lehigh, al cruzar la calle donde estaba Churchs Chicken. Mientras tratábamos de empujar el carro unos morenos salieron de un edificio y comenzaron a discutir con nosotros. Uno de ellos discutía con Rafael porque quería que sacáramos el carro del pavimento y eso precisamente estábamos tratando de hacer, pero él tipo seguía discutiendo.

Se desató una pelea a puños y uno de ellos le pegó un puño a Rafael. Eran como nueve o diez de ellos. Les lanzamos ladrillos y le dimos con palos. Cuando me viré, ví a Rafael que estaba tendido en el suelo inconsciente. Los demás muchachos habían corrido cruzando al otro lado de la calle Lehigh. Cuando iba detrás de ellos, noté que Rafael todavía estaba en el suelo y a dos que se dirigían hasta donde él estaba con la intención de acuchillarlo. Corrí a donde él, me metí en el medio y comencé a darle a los morenos con el bastón que tenía en mi mano. Pero de repente me estaban apuñaleando. Pude ver cuando el cuchillo me dio en el pecho cerca del corazón; sentí cuando la cuchilla me dio en un hueso trasero y en el cuello. Mientras ellos me apuñalaban yo seguí repartiendo bastonazos a diestras y siniestras al mismo tiempo que intentaba alejarme de ellos.

Cuando finalmente caí al suelo, de algún modo le tiré con el bastón y le di tan duro que le quebré la mano al muchacho y el cuchillo salió volando. Luego, pude levantarme y darle a los demás y estos comenzaron a correr. Mientras ellos corrían los cinco que estaban conmigo regresaron y vieron que mi abrigo estaba todo estasajado. Ellos decían que yo tenía que estar lleno de puñaladas porque vieron como los dos muchachos introducían el cuchillo en mi cuerpo. Me seguían diciendo que dejara a Rafael porque ya estaba muerto, pero sólo estaba inconsciente.

Yo estaba tan ebrio y sentía tanto calor que por poco me desmayo, parece que fue la cercanía con la muerte. Cuando ellos me levantaron pensando que me habían apuñalado, me quitaron el abrigo de cuero. Tenía tres agujeros en el área del corazón, cuatro en el área del cuello y diez en la parte de atrás. Luego de haberme quitado la camiseta, era evidente que no habían heridas en mi cuerpo de ninguna clase. No lo podíamos creer. Lo que puedo recordar es a Lemon diciendo que alguien estaba conmigo. Él dijo, "Para ser apuñalado tantas veces y no tener heridas en el cuerpo, alguien grande tiene que estar contigo." Por poco pienso que era el espíritu del indio, al cuál mis padres le prendían velas.

La muerte se me acercó tantas veces que ya no le tenía temor. Realmente estaba buscando a alguien que me hiciera el favor de matarme. Odiaba a todos y hasta me odiaba a mí mismo. No tenía paz en mi vida. La gente no sabía lo que me estaba pasando en las noches. Cada vez que me acostaba a dormir tenía unas terribles pesadillas. Cuando me paraba en una esquina pensaba que de todo carro que pasaba alguien me quería disparar. Yo temía cada vez que fuera a una discoteca, alguien me disparara ó me apuñalara por detrás, pero nadie sabía esto.

Nadie sabía que cuando me iba por la noche a casa tenía que dejar el radio prendido porque temía que hubiera demasiado silencio. Llegué al punto donde ya estaba cansado de esta vida. De todos modos, pensaba en la reputación que disfrutaba como líder de la pandilla Midtown Zulú, de todos los jóvenes admirándome y muchos otros queriendo añadirse a la pandilla, que si alguien conocía como me sentía, mi reputación sería afectada. Pensaba que esta era la única vida que podía tener.

Mi hermano Philip y Mae, con la que vivió en concubinato, se habían separado. Yo amaba a Mae porque era como una madre para mí. Ella nos daba dinero y nos trataba a Debbie y a mí como sí fuéramos sus propios hijos. Cuando Mae y Philip se separaron nos dejaron su casa. Richie, el segundo jefe de la pandilla, se mudó con nosotros. Para ese entonces Mae venía y se llevaba los recibos de las cuentas para pagarlas y así estuvimos casi seis meses.

Mid-Town Zulu Gang 1974

Un día Richie, Debbie y yo estábamos fumando marihuana y tomando vino. Yo tenía una escopeta a la que le llamábamos Dulce Susie y la tenía sobre mi falda. Debbie estaba sentada sobre la bocina del equipo de sonido cuando de momento sonó el teléfono, era su novio Chris. En cuanto ella se levantó, Richie y yo nos levantamos también, pero como estábamos tan ebrios nos caímos y la escopeta se cayó disparándose por si misma, haciendo un agujero en la pared un poco más arriba de donde estuvo Debbie sentada. Si hubiese estado ahí unos treinta segundos antes, Debbie hubiera estado muerta. El agujero era de unas ocho pulgadas de diámetro. Tratamos de ocultarlo para que Philip y Mae no lo vieran, mientras esperábamos por Chris para salir a comprar más vino.

Mikey

Debbie, Richie y yo fuimos a buscar el vino. Una vez que logramos conseguir el dinero, lo cuál logramos pidiendo mientras caminábamos por la calle Cinco y la Avenida Allegheny, nos encontramos con unos muchachos que iban hacia el sur en calle Cinco. Nosotros íbamos caminando hacia el norte y se desató una discusión con ellos sobre quién subiría a la acera primero. Era algo muy estúpido por lo que discutíamos, pero desató una pelea con estos muchachos y comenzamos a correr tras ellos por la calle.

Mientras yo perseguía a uno de los muchachos, este viró y me lanzó con una botella dándome con la misma en la cabeza. Le di dos veces con mi bastón y así fue que me dejo quieto. Yo no sabía de dónde había aparecido tanta gente. Varios salieron de sus carros y comenzaron a pelear con nosotros. Alguien le gritó a mi hermano Mikey que yo tenía sangre en la cara y que me habían disparado. Mientras Mikey intentaba salvarme le dieron en el pecho y se cayó. Cuando se cayó, el muchacho le volvió a dar en la cabeza, causándole una fractura en su cráneo.

Fui corriendo a casa para buscar la escopeta recortada de doble cañón, la Dulce Susie. Pero cuando llegué con ella, alguien me gritó que Mikey estaba muerto. Cuando escuché esto comencé a llorar, pero no eran lágrimas de dolor. Mi hermano Mikey estaba en el suelo sin vida. De repente la policía estaba por todas las calles arrestando a todo el mundo. Habían arrestado como a treinta de nuestros muchachos y también a los que habían peleado con nosotros. Ese día no me arrestaron pero la policía me estaba buscando. Esa noche mis padres y Philip me pidieron que me entregara pero no lo hice. No dormí esa noche pensando en Mikey. No podía creer que hubiera muerto. Cuando él murió, sentí que morí con él. Hice una promesa de matar gente hasta conseguir a la persona que había matado a mi hermano. Finalmente la policía me consiguió y me encarcelaron, pero tres días después mi padre pagó una fianza de quince mil dólares para sacarme de la cárcel. También se me estaba acusando de dos intentos de asesinato por los otros dos que fueron apuñalados ese día.

Cuando llegué a casa aún no podía creer que Mikey estuviera muerto. Cuando lloraba, lo hacía porque tenía mucho coraje. Yo cargué la escopeta con dos cartuchos, la puse en un maletín y caminaba por las calles. Me vestía bien pues no quería parecer sospechoso. Fui a la casa de un amigo donde estaba Little Hawk y Richie. Ellos me dijeron, "Joey, no hagas nada. Déja todo quieto. Déjalo descansar por un tiempo. Vamos a enterrar a tu hermano y luego volveremos a nuestros asuntos." Yo comencé a llorar desconsoladamente con enojo y frustración. Sólo quería matar a alguien.

Al día siguiente estábamos recogiendo dinero en la calle Cinco e Indiana para gastos fúnebres. Recogimos entre mil quinientos a dos mil dólares. Mucha gente nos ayudó aún cuando muchos de ellos no conocían a mi hermano. Le entregué el dinero a mi madre porque ella no podía cubrir los gastos para el sepelio. Ahora tenía el dinero para el entierro y para los demás gastos. Recuerdo cuando fuimos al velorio y en cuanto ví a Mikey en el ataúd lo agarré, puse mi rostro sobre su pecho y comencé a llorar tan duro que nadie pudo entrar a la capilla por un tiempo. Mi madre, junto a mis hermanos y hermanas, también lloraba desconsoladamente.

También recuerdo a mi padre parado allí frente al féretro y decía, "Mira el que decía que me iba a matar cuando tuviera dieciocho años; mira donde está hoy." Luego se sentó. Yo miraba a mi padre y no podía creer lo que estaba oyendo. No había en él señal de dolor ó remordimiento y mucho menos simpatía por mi hermano Mikey. Mientras lloraba sobre el pecho de mi hermano yo decía, "Mikey, me voy a vengar tu muerte."

Al día siguiente enterramos a mi hermano. Nuevamente me arrodille junto al lugar de la sepultura de mi hermano y le dije, "Mikey, si tengo que matar a cincuenta personas para vengar tu muerte, así lo haré. Alguien tiene que pagar por tu muerte."

Unas semanas después de la muerte de mi hermano mi madre comenzó a echarme la culpa. Comenzó a maldecir diciéndome que Mikey estaba muerto por mi causa. Decía que yo era peor que él y que Mikey jamás fue como yo. Pero ella no sabía nada de Mikey. Ella me conocía a mí, porque yo era el que siempre estaba siendo echado de la casa; el que siempre estaba viviendo en las calles y el que siempre estaba usando drogas. Al decirme esas cosas, mi madre no se daba cuenta que me estaba sepultando junto a Mikey. Me había destruido totalmente y ahora me sentía peor que antes, lleno de más odio y amargura. Yo hablaba pero no era el mismo; caminaba pero no era yo. Me sentía como si ya no fuera el dueño de mi vida. El que estaba reclamando ser dueño de mi vida estaba teniendo una fiesta conmigo. Todo el tiempo estaba logrando lo que quería hacer de mí.

Treinta días después de haber enterrado a Mikey, dos amigos míos, Lefty y Country vinieron a decirme que tenían un problema. Me pidieron que fuera con ellos para que les ayudara y a cambio ellos me ayudarían a vengar la muerte de Mikey. Yo busqué mi escopeta. Ellos andaban con otro muchacho llamado Carlos, quien se suponía que buscara otro revólver. Les dije que si lo llevaban a él, yo no iba. Yo había tenido un encontronazo con este joven con respecto a la muerte de mi hermano. Dejamos a Carlos y nos metimos en un carro tipo Station Wagon y en su interior había una chica con ellos. Ni siquiera sabía cuál era su nombre. Caminamos por todo el vecindario y la escopeta la habíamos metido dentro del mameluco de la chica. Caminamos directamente hacia una esquina desde donde se podía ver mucha gente. Lo único que recuerdo fue que vacié la escopeta y ví cuando caían varias personas al suelo. Cuando comenzaron a caer, viré y comencé a correr. Algunas nueve personas habían caído.

Anteriormente a esto, Country me dijo que yo no iba a dispararle a nadie, pero le dije que una vez matara a toda esta gente regresaría y lo mataría a él. Recargué nuevamente la escopeta y se la apunté a su cara y le dije, "Y ahora, ¿Qué fue lo que tu dijiste?"

Él respondiendo dijo, "Tú verdaderamente que estás loco, sácame esa escopeta de la cara." Acto seguido, aparté la misma y la guardé. Lefty me decía que me fuera dé ese lugar. En cuanto nos fuimos, vimos como la policía había invadido el lugar donde le había disparado a aquella gente.

Cuando llegué a casa me di cuenta que la escopeta me había desgarrado un poco la mano. Al día siguiente supe que nueve personas habían sido impactadas. Luego escuché en las noticias que ninguno había muerto.

Cuando me dijeron que yo le había disparado a nueve personas me fui huyendo escondiéndome en una casa abandonada. Estaba tratando de no dejarme ver en el vecindario porque la policía andada preguntándole a todo el mundo sobre lo sucedido. Todos los muchachos de la pandilla estaban siendo arrestados. Yo estaba en la casa abandonada en compañía de Richie bebiendo vino cuando comencé a llorar. Le dije que estaba cansado de la vida. Continué diciendo, "¿Por qué me paso causándole dolor y angustia a toda la gente? ¿Por qué es que no puedo ser igual que la gente normal? ¿Por qué es que no puedo tener paz? ¿Por qué tener que vivir una vida tan terrible?" Me sentía tan miserable que continué llorando. Pero mis lágrimas no eran de remordimiento, eran lágrimas de enojo y de frustración. Estaba tan enojado conmigo mismo que hasta me aborrecía. Llamé a mi padre y le dije que le había disparado a mucha gente. El me dijo que me mantuviera callado y que no se lo comentara a nadie. Mi propio padre me había dado la escopeta que use para dispararle a toda esa gente. Él me había dicho que si no la usaba, él la usaría contra mí. Esa noche no pude dormir. Sólo pasaba por mi mente todas las personas que estaban heridas por mi culpa y en la policía que investigaba los hechos y que me buscaba por todas partes.

Prisión

Después de todo esto, comencé a oír voces en mi mente diciéndome, "Joey, le disparaste a todas esas personas. Si hay un Dios en el cielo él jamás te perdonará. Dios no perdona a la gente que mata." No tenía paz. Me fui para Phonexville, Pennsylvania por un par de días con Philip y mi primo Carmelo quienes vivían allá.

Nos emborrachamos y Carmelo me dijo que más adelante había una tienda que vendía armas de fuego. Me preguntó si quería ir a robar de esas armas. Yo le dije que no estaría satisfecho hasta no lograr matar al muchacho que había matado a Mikey ó alguno de los miembros de su familia. Después de haber jugado billar, nos fuimos a la cuadra donde se encontraba la tienda del Army-Navy. El dueño intentó agarrarme cuando me vio robando unas cuchillas. Le lancé unas botas y lo tiré por la ventana casi matándolo. Cuando finalmente salí, parecía que todo el departamento de policía de Phonexville estaba esperándome. Estaba listo para entrar en un tiroteo con ellos pero me di cuenta que el revólver estaba descargado y me quedé quieto.

Aunque intenté escapar, me percaté que no había manera de lograrlo.

Cuando me agarraron forcejé con ellos. Los maldecía hasta que finalmente lograron someterme a la obediencia y me introdujeron al interior de una patrulla. En el cuartel de la policía me pusieron las esposas tan fuertes que comencé a maldecirlos nuevamente. El licor comenzó a tener afectos adversos en mí. Recuerdo que estuve bebiendo ron todo el día sin comer absolutamente nada lo que me provocó devolver. Me puse tan violento que nuevamente me tuvieron que someter y me echaron en una celda. Allí todo lo que podía oír eran esas voces que me decían, "Joey, si hay un Dios en los cielos, El jamás te va a perdonar. El no perdona gente que ha disparado ó matado a otros. Joey quítate la vida."

La voz se repetía una y otra vez. Yo pensaba en que iba a estar de veinte a treinta años en la cárcel ó tal vez el resto de mi vida. ¿Para qué vivir? Las voces seguían gritando en mi mente, diciéndome que me matara. Estaba tan hastiado y frustrado que me quité el abrigo, lo amarré fuertemente a una de las barras de la celda y la otra parte me la amarré al cuello. Lo siguiente que supe fue que yo estaba colgado de la barra de la celda y todo se oscureció. Luego, me cuenta mi hermano Philip, que un policía me encontró colgado de la barra en mi celda y me bajó cortando el abrigo.

La policía me llevó al Hospital Estatal de Emorysville, unas facilidades para salud mental y allí estuve por una semana. En el hospital fui evaluado por unos psiquiatras profesionales y trabajadores sociales. Me metieron en un cuarto y me preguntaron el porqué había cometido todos esos delitos y luego atenté contra mi vida. Sólo miraba hacia el techo mientras masticaba un sorbeto que tenía en mi boca. Yo no estaba loco pero me estaba enloqueciendo viendo a toda esa gente. Estaba perdiendo la mente por simplemente haber estado en ese lugar.

El psiquiatra le dijo a mi madre que yo tenía un temperamento muy violento y que bajo presión era capaz de matar a cualquiera. También le dijo que necesitaba tratamiento psiquiátrico, que si alguna vez salía de ese lugar yo necesitaría ver a un psicólogo. Mi madre le contó al doctor sobre la muerte de mi hermano. Ella pensaba que esa era la razón por lo cuál yo estaba pasando por todo esto ya que había presenciado la muerte de mi hermano.

Del hospital de salud mental, me enviaron a la Prisión del Condado de Chester en West Chester, Pennsylvania. Allí tenía tres casos judiciales pendientes y muchos más en Filadelfia. Me llevaban de un lugar a otro. Primero me detuvieron en el Centro de Detención en Filadelfia por un tiempo y luego me enviaron de regreso a la Prisión del Condado de Chester. Yo esperaba estar en prisión por lo menos de veinte a treinta años de mi vida.

Tenía Que Ser Un Ángel

Después de haber estado dos meses en la Prisión del Condado de Chester, un guardia penal vino a mi celda. Nunca lo había visto. Cuando vino a donde mí me miró fijamente y me llamó por mi nombre. Durante todo el tiempo que él estuvo hablándome, yo pensaba el por qué no lo había visto anteriormente. Estaba bien intrigado por esto. Vestía igual que los demás guardias penales más sin embargo, había algo distinto en él.

Me dijo que yo iba a salir de la cárcel. Además que indicó que muchos de los cargos se estaban cayendo y que sólo iba a recibir tiempo servido y luego saldría en libertad. Le dije que él estaba loco y que no sabía de lo que estaba hablando. Luego de haber hablado con el, me miró intensamente y me dijo nuevamente, "Joey, vas a salir de esta prisión pero recuerda que Cristo Jesús está contigo todos los días de tu vida. Él té ama. Él té ama Joey." Luego se marchó.

Cuando él dijo esto, lo maldije y le grité, "Yo no creo en Dios. Nadie me puede perdonar. No hay tal Dios en el cielo que me pueda perdonar."

Mientras hablaba presentía que no era yo el que pronunciaba esas palabras. Era como si otra persona hablara dentro de mí. Yo estaba tan enojado cuando él me dijo todo eso.

Estaba en la cafetería cuando los guardias me llamaron diciendo, "José Pérez, F24, exonerado de cargos." Pensaba que estaría ahí por mucho tiempo y que esto era un error. Así que me preguntaron otra vez, "¿Eres tú José Pérez, F24?" Les dije que sí y ellos me dijeron que no había error alguno. Se me estaba dando una exoneración de los cargos y mientras iba caminando fuera de la prisión no podía creer que me estuvieran dando mi libertad. El guardia me dijo esto un lunes y ya para el viernes de esa misma semana estaba en libertad. Hoy día creo y sé que aquel guardia penal fue un ángel enviado por Dios para que hablara a mi vida.

Cuando supieron que yo estaba en casa, Richie, Little Man, Lemon y Gun vinieron a verme. Ellos estaban maravillados y sorprendidos de que yo estuviera en libertad. Ellos me decían que no esperaban que me liberaran jamás. Yo les dije que había alguien que estaba conmigo, no sabía quien, pero que allí estaba libre nuevamente. Nos volvímos a embriagar extremadamente en la fiesta de bienvenida.

Como dos semanas después mi hermanas Evelyn, Gigi, Debbie y su amiga Deedee, una mujer morena y hermosa, me invitaron a ir con ellas a una fiesta. Fuimos a una discoteca llamada Towney en la calle Diez y la avenida Erie. Cuando llegamos, Little Man y Slap vinieron a donde mí y me dijeron, "Joey, hay unos tipos aquí que quieren hablar contigo." Cuando fui a donde ellos supe que eran unos rivales de la pandilla llamados la Quince y Venango. Inmediatamente rompieron unas botellas, sacaron cuchillas, pistolas y agarraron sillas.

Al principio pensé que Little Man y Slap me habían traicionado. Luego averigüé que ellos también habían sido engañados creyendo que estos eran amigos de la pandilla. Estos rivales me preguntaron si yo era el líder de la pandilla. En ese momento pensé que si voy a morir, moriré como valiente y me llevaré a alguien conmigo. Así que empujé al que me había preguntado si yo era el líder de la pandilla. Luego lo golpeé y cuando él cayó al suelo, comencé a lanzar puños hacia todas partes. Me puse bien violento y gritaba, "Mátenme, mátenme. No tengo miedo morir. Mátenme."

De repente se echaron hacia atrás diciendo, "Oye, nunca habíamos visto a un puertorriqueño tan loco como tú."

Yo les dije que acababan de matar a mi hermano y que yo estaba dispuesto a morir también, que estaba aborrecido de la vida y si tenían corazón me podían matar ahora mismo. Me viré y me alejé de allí. Yo pensaba que alguien me iba a disparar ó a meterme una puñalada, pero nadie lo hizo. Salí afuera y encontré a Little Man y a Slap. Ellos no sabían lo que me había ocurrido dentro del Club. Mi coraje causó que yo les diera a ambos un puño y que les dijera que se fueran lejos de mi vista. Luego me marché.

Cómo logré salir de una situación tan peligrosa como esta sin que se me hicieran algún daño, no lo sé. Comencé a pensar nuevamente que alguien tal vez está conmigo. Todos los días pensaba sobre los tiempos en que me encontraba tan cerca de la muerte, más sin embargo nunca me hirieron de bala ó me apuñalaron. Yo intentaba averiguar quién estaba conmigo y creía que era el espíritu del indio a quien mi madre le prendía velas y le hablaba, pero tampoco creía mucho en eso.

Capítulo 9

UN NEGOCIO NUEVO

Dos semanas después, Philip consiguió un empleo en una fábrica en la calle Dos y Lippincott donde trabajaba mi primo Johnny. De igual manera la compañía también me dio empleo. Cuando cobrábamos nuestro sueldo lo gastábamos en drogas. Quería mantenerme fuera de los problemas, pero seguía frecuentando con los mismos muchachos. Philip era muy dominante y le gustaba mantener el control sobre los demás. A veces me daba cachetadas aún cuando ya tenía dieciocho años de edad. En una ocasión nos entró a bofetadas a mí y a mis amigos con el pretexto de no quería vernos juntos. Desde luego, ellos le tenían un miedo terrible.

Un día me aproveché que mi madre estuviera sola y le comenté que Philip pensaba que yo seguía siendo un niño. Continué diciéndole, "Claro, cuando era más joven él podía darme de bofetadas y yo se lo permitía, pero ahora y máxime con la experiencia de haber estado preso, no le permitiré a nadie; ni grande ni pequeño que tome ventaja sobre mí. No le aguanto nada a nadie en la calle y ya no le tengo más miedo a Philip. Si me vuelve a dar lo voy a golpear. Así que mejor es que le digas que me deje quieto."

Me recordó lo que el psiquiatra le había aconsejado con respecto a mi temperamento violento. El le había dicho que bajo presión yo era capaz de matar a cualquiera. Esa noche ella le dijo a mi hermano Philip, "Deja a Joey quieto. Ya él no te tiene miedo y sólo lo estas presionando a que te golpee."

Una noche después de estar con los muchachos en una de las esquinas del vecindario, decidí marcharme a mi casa. Al rato llegó Philip y cuando entró, vino directo a donde mí y me dio un puño en el ojo. Pero antes de que volviera a darme otra vez, lo agarré por el brazo y le di diez veces. Luego lo arrastre hacia fuera tirándolo sobre un carro antes de que él reaccionara para defenderse. Cuando Philip se dio cuenta de lo que había hecho, se quedó sorprendido. Yo le dije, "Chico, ya no te tengo miedo y si tratas de golpearme en otra ocasión te voy a matar."

Cuando él me miró a los ojos, sabía que yo estaba hablando en serio; que no estaba hablando por hablar. Philip me llevaba tres años y se la pasaba apuñalando a mucha gente, por lo que muchos lo aborrecían. Philip sabía que yo había cometido crímenes más violentos que él. También sabía que peleaba con cualquiera y que ya no era el niño que el antes controlaba. Yo había crecido y no iba a permitir jamás que abusaran de mí. Después de esto puedo decir que en raras ocasiones se atrevió a molestarme. Ocasionalmente él me agriaba la vida pero yo no quería golpearlo. Dejé de trabajar en la fábrica y comencé de nuevo las juntillas con los muchachos del vecindario.

Mi hermana Evelyn había arrendado una casa en la calle Orianna y Cambria. Mi madre se estaba mudando porque había comprado una casa en la calle American y Westmoreland. Todavía no me llevaba bien con el esposo de mi madre. Lo había intentado matar en tres ocasiones. Una vez le puse un revólver en la boca. En otra ocasión, mientras él estaba durmiendo le hurté mil dólares y en mi mano tenía un cuchillo de trece pulgadas que había empuñado para matarlo. Al mi madre enterarse de todo esto, se puso de rodilla y comenzó a llorar pidiéndome que la dejara ya vivir en paz. Mi madre siempre lo ponía a él primero y a mí me rechazaba. Un dia hasta me rogó que la matara a ella. Estaba cansada de las cosas que le estaba haciendo a su esposo. Ya yo había pensado matar a mi madre en varias ocasiones. Sentía una gran ira hacia ella, aunque estaba enojado con todo el mundo. Culpaba a mis padres por la vida miserable que vivía, todo porque ellos me trajeron a este mundo. Por esta razón, mi madre finalmente decidió comprar otra casa y se mudó del vecindario.

Me fui a vivir con mi hermana Evelyn en el 2915 norte de la calle Orianna. Luego de haber estado un tiempo con ella me conseguí un trabajo. Mi cuñado Tarzán, el esposo de mi hermana Gigi, me encontró trabajo en una fábrica dental en las calles Veintiuno y Clearfield. De todos modos me pasaba metido en problemas, cometiendo los mismos errores. Me daba cuenta que tarde ó temprano terminaría de regreso en la cárcel.

Como era invierno la pandilla estaba calmada aunque nos pasábamos de fiesta en fiestas. Las guerras de pandillas estaban desapareciendo. Le dije a los muchachos que visitaban mi casa para embollarse, que ya no sería más el líder de ellos. Ellos no estaban muy contentos por eso, pero no había nada que se pudiera hacer. Estaba loco, ellos lo sabían y no querían molestarme.

A menos de un mes para que culminara mi probatoria, mi oficial de probatoria estaba tratando de devolverme a la cárcel nuevamente porque aún seguía causando problemas. Aún cuando no me interesaba mi empleo, estuve trabajando por espacio de seis meses.

Mid-Town Zulu Gang 1975

Ventas de Drogas

Recuerdo a un tipo llamado Mike que también trabajaba en la fábrica dental. Esta fábrica manejaba mezcalina al igual que otros químicos que podían ser usado para preparar cocaína y Mike sabía como mezclar esta química. Entre él y yo nos robamos algunos de los materiales para hacer la droga. Comencé a vender marihuana y cocaína. Mike me presentó a varios de sus amigos pandilleros quienes se la pasaban en la Taberna Dorado, en la avenida Broad y Erie. También me presentó a otros que frecuentaban la Taberna Fishnet, en la avenida Broad y Olney. Luego conocí a unos hermanos morenos quienes también estaban usando drogas. Estos tenían rostros de maleantes y estaban tratando de atemorizar mi corazón, pero eso no les funcionó. Ellos conocían a Mike y comenzaron a hacer amistad conmigo y así empezamos a intercambiar las drogas que comprábamos los unos de los otros.

Me estaba haciendo de bastante dinero. A la misma vez mi hermana Evelyn también comenzó a vender anfetaminas, a la cuál le llamábamos, Monstruo. Mi hermana también se estaba haciendo una gran cantidad de dinero. Con el dinero que ella hacia compraba todo tipo de cosas para la casa. En ocasiones hasta llegué a recoger drogas para ella de parte de una mujer que llamábamos Mom. Se la traía a ella y luego esta la empacaba para venderla.

Luego de hacer esto por un tiempo, algunos supuestos amigos de Evelyn la asaltaron. Ellos habían acudido a su casa mientras Evelyn no estaba. Ya en el lugar, amararon a Cuchi y a otra persona que estaba con ella en la casa. Tomaron a sus hijos y le apuntaron con un revólver en la cara. Mi sobrina Millie solo tenía cinco años de edad y le dijeron a Cuchi que si no le decía donde estaba la droga ellos matarían a los niños. Ellos encontraron solo parte de la droga y se fueron sin hacerle daño a nadie.

Luego de este incidente, Evelyn se la pasaba nerviosa debido a lo que había sucedido. Su gran error fue llamar a la policía quien de inmediato comenzó a vigilarla. Ellos sabían que algo malo estaba ocurriendo por lo que preguntaban el por qué alguien quería asaltarla a menos que estuviera haciendo algo ilegal.

Cuando nos enteramos sobre esto, Blueberry, Philip, los muchachos de la pandilla y yo salimos en una pesquisa buscando a estos tres tipos. Uno de ellos estaba tan asustado que él mismo buscó que lo metieran preso ya que sabía que lo íbamos a matar. Me enteré luego que otro de ellos había sido encontrado calcinado y con unos disparos de escopeta en el pecho. ¿Cómo ocurrió esto? No lo sé. El último de ellos lo agarré en la esquina de la calle Cuatro e Indiana en donde lo golpeé de tal manera que aún los muchachos que estaban con él en la esquina no se atrevieron meterse para ayudarlo. Sabían que si se metían habría una guerra grande en el vecindario.

Mucho Dinero

Desde aquel día en adelante tomé el negocio de Evelyn; vendía anfetaminas, marihuana y cocaína. Estaba también de raquetero con Mike y sus amigos en la calle Broad. También realizaba transacciones de pistolas y rifles. Ya producía bastante dinero como para comprar mis propias drogas y venderlas. Luego de un tiempo me compré ropa bonita y carro nuevo. Cuando los jóvenes me veían con carro nuevo, ropa nueva y mucho dinero ellos querían vender drogas para mí, así que se las proveía para que la vendieran.

Conseguí que mi hermana Debbie y su esposo Chris vendieran drogas para mí en la calle Veinte. También conseguí que los pandilleros viejos vendieran drogas para mí en el vecindario. Les proveía drogas a todos: Izzy, Shake & Bake, Judge, Georgie, y su esposa Tati también me ayudaban a vender la droga.

Me estaba haciendo de mucho dinero en este negocio de drogas. En la calle Indiana tenía a los jóvenes vendiéndome marihuana y opio y los adultos vendían cocaína y anfetaminas. A la misma vez que hacía dinero, así de rápido lo gastaba. Siempre le estaba dando dinero a la gente y ayudándolos en sus necesidades. Si la esposa de algún amigo tenía alguna necesidad para sus hijos, les daba dinero. Les compré ropa y zapatos a muchos de mis amigos, especialmente a los que se pasaban conmigo. Cada vez que salíamos a una discoteca, les compraba un conjunto nuevo para que fueran estrenando ropa limpia. No me importaba cuán costosa era la ropa. Ya estaba comprando toda mi ropa a la talla, tenía a un tipo que me hacía todos mis trajes y mis pantalones. También compraba mis camisas por catálogo. Aún con todo esto no tenía paz ni gozo. Me sentía muy miserable y aún estaba teniendo unas terribles pesadillas en la noche.

Cuando uno es vendedor de drogas siempre tiene problemas. A veces te dan deseo de matar a los que te están vendiendo la droga porque siempre les falta dinero de las drogas. Algunas veces ahí que golpear a algunos de tus vendedores para que a los demás no se les ocurriera hacer lo mismo. Había que hasta matar a alguno para enseñarle una lección a los demás. De esta manera mantenías tu reputación intacta.

Aún cuando me estaba haciendo de mucho dinero por las ventas de las drogas, me sentía muy infeliz. La policía se pasaba arrestándome y en ocasiones me llevaban al cuartel y me golpeaban. Ellos me aborrecían porque sabían que era un problemático en la comunidad y que tenía mucho movimiento de drogas pero no encontraban nada.

Un día, después que me encerraron toda la noche, salí de la estación de policía todo golpeado; con mis labios y nariz rota, pues la policía tuvo una fiesta la noche anterior conmigo; mejor dicho me dieron tremenda paliza. Ellos trataban de averiguar de dónde sacaba el dinero y todas mis posesiones ya que llevaba algunos meses sin trabajar pero seguía comprando bastantes cosas nuevas.

La policía me había dejado ir temprano aquella mañana y me encontré a Rick en una esquina. Le conté lo que me había pasado y él me dijo que fuera a buscar trabajo donde él trabajaba. Me dijo, "Mira Joey, ¿Por qué no vas a ver si te dan trabajo donde yo estoy empleado? Usa este trabajo como un desvió. Cuando tenías un trabajo anteriormente te ayudó a mantener la policía lejos de ti. Tal vez te pueda seguir funcionando." Luego de escucharle pensé que era una buena idea.

Realmente quería desahogarme con Rick y compartir con él lo que había en mi corazón, pero se me hacia tan difícil hacerlo porque nunca le había dicho a nadie lo que estaba ocurriendo dentro de mí. Luego empezamos a endrogarnos y mientras haciamos esto, le dije a Rick, "Estoy cansado de la vida y de todas estas cosas. Todas las noches pienso en matarme. Tengo miedo al acostarme, al dormirme y otras veces hasta tengo miedo despertarme porque esta vida se ha convertido en un infierno para mí. Nunca tengo paz; ni cuando camino por las calles; ni cuando me voy acostar. ¿Sabes que Rick? Si yo obtuviera nada más que la paz, eso sería suficiente para vivir tranquilo y feliz."

Rick sorprendido respondió, "No te entiendo Joey. Todos te respetan, tienes cosas hermosas, un carro bonito y bastante dinero. Puedes ir a donde tú quieras y la gente te respeta y ahora me dices que te sientes miserable." Le volví a decir que prefería no tener nada, ni dinero ni cosas materiales, sólo quería tener paz porque aborrecía la vida que vivía. Me quería lanzar a llorar, pero no podía hacerlo por mi reputación. Me levanté y le dije que lo vería en la mañana, que quería ir a este trabajo del cuál él me había hablado. Tal vez algo bueno saldría de esto.

Capítulo 10

DESTINO DIVINO

No sabía que Dios estaba en medio de todo esto. El Dios del cielo y de la tierra tenía un plan para mí en esta empresa. Yo mientras tanto estaba totalmente ignorante de todo esto.

Luego de llegar a casa esa noche me recosté sobre la cama pensando acerca de mi vida y cuán miserable me encontraba. Mi pensamiento se enfocaba en quitarle la vida a mi madre y a mi pequeña hermana, para que no tuvieran que sufrir más; luego me mataría. También pensaba en matar a cuatro de mis vendedores de drogas pues ya estaban bastante atrasados en traerme el dinero que me debían de las drogas. Me fumé dos cigarrillos de marihuana y así pude conseguir una paz artificial que me ayudó dormir esa noche.

Me desperté a las cinco de la madrugada porque había quedado de encontrarme con Rick a las seis en la calle Dos y la avenida Allegheny. Mi madre me preguntó, "¿A dónde vas?" Le contesté que iba a buscar trabajo con Rick, a lo que ella me respondió, "Te deseo que consigas trabajo ya que te mantendrá fuera de problemas." Salí de la casa y esperé por Rick en la esquina de la cuadra. Cuando se acercó en el carro me di cuenta que con él había tres muchachos más. Mirando más de cerca, me di cuenta que a uno de los muchachos yo no le caía bien, pero con todo eso no le guardaba rencor alguno. Tal vez no le caía bien por mi mala reputación.

Uno de ellos llamado Víctor vivía en la calle Cuatro e Indiana y era un hombre muy celoso. Él pensaba que todos los que se pasaban en la esquina de la cuadra le querían quitar a su mujer. En muchas ocasiones me molestaba tanto sus celos. No tenía interés alguno en ella; aunque en ocasiones pensé jugar con ella para así darle razón a lo que él estaba pensando. De hecho, luego nos hicimos buenos amigos. El se dio cuenta que sus inseguridades lo hacían pensar que todos estaban tratando de enamorar a su esposa. A los otros dos que estaban en el carro no los conocía. Eran muy corpulentos y parecían levantadores de pesas. Mientras íbamos de camino al trabajo, el cuál se encontraba en la calle Norcom cerca de la avenida Roosevelt Boulevard, Víctor, Rick y yo comenzamos a fumar marihuana. El nombre de la compañía era Cardos Automobil Productions.

Rick comenzaba a la 7:00 de la mañana, pero mi entrevista no era hasta las ocho. De solo llegar, ya sentía que no me iba a gustar el lugar. Seguía pensando en abandonar aquel sitio. Los guardias de seguridad que estaban a la puerta me pidieron que les mostrara alguna identificación y luego me enviaron a una habitación particular. Cuando entré me di cuenta que tres muchachos ya estaban esperando; un irlandés llamado Johnny, un muchacho moreno y otro hispano.

Comencé a hablar con el hispano pero él no sabía mucho inglés y mi español ciertamente no era el mejor. Traté de hablar lo mejor que pude. Aunque yo era puertorriqueño, fui nacido y criado en Filadelfia, por lo cuál mi español para ese entonces no era el mejor. Mientras hablábamos llegó al lugar un hombre, el cuál me miraba fijamente y comencé a sentirme muy incomodó con este tipo. Yo tenía un afro muy grande y me había incrustado unos cigarrillos de marihuana en mi cabello. Pensé que probablemente él los podía ver. Así que en la misma forma en que él me miraba fijamente yo también lo miraba. Fue entonces cuando me preguntó, "¿A qué haz venido aquí?"

Y yo revelando mi mala actitud le respondí, "¿A qué viene una persona a una fábrica cuando no tiene trabajo?" Él me respondió, "No sé."

Yo no sabía si él estaba poniéndose gracioso ó sarcástico. En un tono de voz muy áspera le dije que estaba ahí porque estaba buscando trabajo. Estaba al punto que no me interesaba si me daban el trabajo ó no. De repente, el tipo comenzó a sonreírse y esto me molestó aún más. Pensé que él se estaba burlando de mí.

Él tomó la solicitud que me entregaron cuando había entrado a la habitación manteniendo aún su sonrisa. El era el gerente del personal de Cardos y su nombre era Carl Moline. El comenzó a llamarnos uno a uno, dejándome para lo último. Por fin me llevó a su oficina y comenzó a hacerme un sinnúmero de preguntas. Cuando había llenado la solicitud había una parte donde preguntaba si había cometido algún delito. Yo había puesto todo por lo cuál había sido convicto, tanto así que hasta viré la solicitud para escribir toda la información. Pensaba que sí escribía todo eso no me darían el trabajo.

Mientras Carl Moline revisaba mi solicitud él estaba tarareando. Cuando llegó a la última parte él solo decía, "Oh, Oh, esto está muy interesante." Luego me miró y me preguntó si alguna vez había sido arrestado.

Le contesté ásperamente, "¿Qué dice mi solicitud de empleo?" Entonces me dijo que tenía una historia muy interesante. Él leyó que estuve en el programa del gobierno y que me había graduado de un curso de hojalatería y pintura. También se dio cuenta que tenía un certificado de culinario. Luego me preguntó si sabía pintar a lo cuál respondí que sí. A esto él me dijo, "Está bueno porque necesito un pintor." Me indicó que tenía una vacante en el departamento de desmantelar y me pidió que volviera al día siguiente como a las 7:00 de la mañana para comenzar a trabajar. Mi turno comenzaba a las 7:30 de la mañana.

Me sentí un poco extraño cuando me dijo eso. Parecía como si esa paz superficial que tenía me abandonaba. Comencé a sentirme muy incómodo y mi cuerpo comenzó a temblar. Yo no quería estar allí, algo no estaba bien, así que me dije a mi mismo, "A lo mejor este tipo es un agente del FBI y Rick es un informante diciéndole a la policía que yo era el que estaba vendiendo drogas. Tal vez me trajo aquí para extenderme una trampa. Este tipo se esta riendo demasiado y parece un policía." No sabía que Carl Moline era un cristiano y que lo que estaba pensando sobre él y Rick no era verdad. Pero mi pecado me perseguía día y noche.

Siempre pensaba que alguien estaba tratando de engañarme o me trataban de hacer una trampa. Recordaba que en una ocasión cuando dos mujeres trataron de engañarme conduciéndome hacía una casa y una vez ahí, ellas intentaron hacer los arreglos para asesinarme. Por esto no confiaba en nadie.

Gente Como Tú

Cuando me dieron el trabajo le dije al Señor Moline, "Mira no entiendo esto. Soy jefe de pandilla y vendedor de drogas. ¿Por qué es qué me estas empleando? Gente como tú no da empleo a personas como yo." Carl Moline me miró y se sonrío una vez más con esa sonrisa que me agitaba.

Me dijo, "¿Te pregunté sobre lo que eres ó sobre lo que haz hecho en el pasado?" Le dije con una actitud mala que no. Luego me preguntó, "¿Por qué me haces estas preguntas? ¿Quieres el empleo? Pues ven mañana y comenzarás entonces."

Yo me decía que algo no está bien, pero decidí que iba a volver, de todos modos quería regresar para saber de qué se trataba todo esto. Pensé que sólo tendría que ser cuidadoso con las cosas que hacía y lo que decía por si acaso el Señor Moline era un agente del FBI y Rick un informante. Después de la entrevista me fui a casa.

Esa noche Rick fue a mi casa y le conté todo lo que había pasado. Veía a Rick un poco extraño pensando que algo no estaba bien con él. No entendía en ese momento lo que sucedía. Ahora me doy cuenta que Satanás no me quería en esa compañía ya que Dios me estaba llevando allí porque él tenía un propósito divino para mi vida…salvarme. Esa noche Rick y yo nos emborrachamos nuevamente. Le pregunté si él podía recogerme por la mañana porque yo estaba teniendo problemas con mi carro. Él estuvo de acuerdo y vino a recogerme a las 6:00 a.m. aunque yo no empezaba hasta las 7:30 a.m. pero aún así me fui con él. Cuando entré a la compañía me dieron una identificación, me llevaron a conocer todo el lugar y luego me asignaron a una persona que me estaría supervisando. Este era un hombre que se llamaba Ed Phillips. Nosotros lo llamábamos Grande Ed. Él era un irlandés tan grande que podía ser un luchador de Sumo. Tenía el cabello blanco y parecía ser una persona muy agradable.

Ed me llevó al departamento de pompas de aguas y me indicó que allí sería el lugar donde trabajaría. Me enseñaron lo que tenía que hacer y me pusieron en un lugar donde había una pequeña máquina donde trabajaría hasta llegar a ser un pintador de las pompas de aguas. El área contenía pompas de aguas para ser desmanteladas y puestas sobre unas máquinas para ser limpiadas. Mi trabajo era tomar los perdigones y bolines que salían de la pompa de agua y separar los bolines de los perdigones. Me mostró cómo hacerlo y cómo mantener los bolines junto a los perdigones sobre un plato y luego debía pisar un pequeño pedal para que saliera un clavo largo hacia abajo sacando los bolines hacia fuera. Tenía que tomar los perdigones y echarlos en una cubeta y los bolines caían automáticamente en otra.

El primer día que hice este trabajo lo aborrecí. Era un trabajo sucio y grasoso. No estaba muy contento con el trabajo y casi no podía esperar que llegara la hora del mediodía. Quería salir a fumar un cigarrillo de marihuana y meterme cocaína por la nariz. Sólo quería embollarme.

Al salir al mediodía, me encontré con algunos muchachos quienes trabajaban allí: Bernard, Peanut y James. Ellos me preguntaron si quería salir a fumar marihuana con ellos. En el estacionamiento me di cuenta que no éramos los únicos fumando. Parecía que una tercera parte del departamento en el cuál trabajaba se estaban embollando. Había uno de los muchachos que se estaba inyectando heroína en el mismo estacionamiento. Hasta las mujeres estaban fumando marihuana. Cuando ví esto, me di cuenta que era una buena oportunidad para yo vender drogas. Así que empecé averiguar si ya había alguien vendiendo drogas en la compañía, pues quería tomar el control de ese negocio.

Mientras hablaba con Bernard le dije que yo era un vendedor de drogas y le pregunté si alguien estaba vendiendo ahí. Le dije que lo que él quisiese yo lo tenía. Tenía mucha gente en la calle vendiendo drogas y podía darle a cualquier otra persona que quisiera vender drogas para mí. "Si tú quieres te puedo ayudar hacer más dinero por el lado," le dije a Bernard. A todo eso él me respondió que no había nadie vendiendo drogas allí y que ellos estaban comprando drogas a los blancos quienes trabajaban al otro lado de la compañía. Ellos realmente no querían tener negocios con ellos. El irlandés y él italiano que trabajaban allí no estaban vendiendo drogas de calidad.

Le di una prueba de lo que tenía y le gustó. Al día siguiente cuando fui a trabajar, algunos me hicieron un pedido de drogas y les dije que me podían pagar el viernes. Le dije a Bernard, Peanut y a James que tal vez ellos podían vender drogas para mí también. Ellos me dijeron que les gustaría. Les dije que tenía opio, hash, marihuana, cocaína, heroína, anfetaminas, rifles y revolvers. Lo que quisiesen, se lo podía vender.

Conseguí a varios muchachos en el departamento de las pompas de aguas y de frenos que me vendieran drogas. Tenía a Rick en el departamento de carburadores y de ahí en adelante me comenzó a gustar el trabajo. Encontré que allí me hacía más dinero vendiendo drogas que en la calle. Aunque el trabajo era uno sucio, el dinero que estaba generando era hermoso.

Después de haber estado allí treinta días, me di cuenta de dos italianos pequeños que me seguían y me velaban. Todos los días de lunes a viernes ellos se paraban detrás de mí por varias horas para observar como trabajaba. Al otro lado de la compañía estaba el departamento de caliper. Un italiano muy robusto que se parecía a Hulk era gerente del departamento. Un día se acercó y me dijo que él necesitaba a unos cuantos para trabajar en su departamento. Su nombre era Cozzy. Se acercó y me preguntó si quería trabajar unas horas extras. Pensé que le podía dar a la compañía unos cuantos días pero que una vez ingresara a la unión no volvería a trabajar más tiempo extra.

Yo quería hacerme miembro de la unión porque ya me gustaba el trabajo debido al mucho dinero que me estaba ganado vendiendo drogas. Le dije a Cozzy que trabajaría tiempo extra si él lo necesitaba. Trabajé cuatro días corridos en el departamento de caliper. Me di cuenta que a pesar de que Cozzy se veía muy fuerte siempre tenía una sonrisa en su rostro. Era una persona agradable pues me hablaba con ternura aunque su voz era gruesa y fuerte. De alguna manera él me recordaba de mí mismo.

Asignación Nueva

Todas las mañanas, por dos semanas corridas, aquellos dos italianos de baja estatura seguían velándome. Llevaba trabajando seis semanas y ya estaba en la unión, sabía que tenía un trabajo seguro y que no me podían echar, por lo tanto dejé de trabajar tiempo extra.

Pero estos hombres continuaban detrás de mí. No sabía que estos dos italianos eran los dueños de la compañía. Ellos dos y otro hombre llamado Charlie Hamilton, se paraban detrás de mí para velarme mientras yo trabajaba. Charlie era un hombre irlandés de algunos sesenta años de edad con cabello rojo y pecas en su rostro. Yo pensaba que estos dos italianos eran policías y que tal vez por esta razón ellos me estaban velando, creía que alguien me había delatado. Sólo su presencia me atormentaba.

Un día estaba tan incómodo de que los italianos me miraran que agarré un pedazo de tubo para pegarle con el. De todos modos ellos sólo querían hablar conmigo. Me hicieron detener la máquina para que los pudiera escuchar. Uno de ellos comenzó a hablar diciendo, "Entiendo que eras supervisor en otra compañía antes de empezar a trabajar aquí."

"Sí y ¿que?" le respondí.

Me volvió a decir, "Veo que tienes muchas habilidades; eres rápido y posees mucho potencial. Nosotros pensamos que tienes un buen futuro en esta compañía."

Cuando me dijo esto le dije que no me interesaba pues sólo quería ganarme la vida con honradez, algo que no era cierto. Me gustaba el trabajo porque me estaba haciendo mucho dinero vendiendo drogas.

Uno de los dueños insistió y dijo, "Ya hemos leído tu solicitud y aparece que tienes un certificado en hojalatería y pintura y también de culinario. No necesitamos un cocinero, pero podemos usar a un buen pintor, sólo quería decirte que estas haciendo un buen trabajo. Es más, estamos pensando moverte a otra área de la compañía."

Cuando me anunciaron el cambio, me dio mucha ira. No dije nada pero se reflejó en mi rostro. Le pregunté, "¿Qué significa eso?" Y me contestó que le gustaría enviarme al almacén de Cardos para enseñarme a clasificar todas las partes del motor. Yo les dije que no estaba interesado en otro puesto y que me gustaba donde estaba. El dueño me preguntó, "¿Por qué no quieres ir? Te puedes hacer de más dinero." La razón por la cuál no quería ir, y claro que no se lo podía decir era porque no podía velar mis transacciones de drogas que tenía en la compañía. Se echaría a perder mi negocio de drogas. De todos modos dijo que me enviaría.

Yo le argumentaba que no tenía un diploma de cuarto año, que no sabía leer bien, que mis escuelas fueron las instituciones juveniles, prisiones, hospitales de salud mental y el programa de gobierno. Le dije, "Tú no quieres enviarme a mí. Tú necesitas a alguien que tenga un grado universitario."

A pesar de todas mis excusas, el dueño sólo me miraba a los ojos, tomó mi mano y con una sonrisa muy grande en su rostro dijo, "Sabes, te vamos a enviar de todos modos. Creemos que tú puedes aprender el trabajo y que tienes el potencial para hacerlo bien." Ellos siguieron sonriendo y yo estaba muy molesto. Los dueños de la compañía me dijeron que en la mañana siguiente debería ir a la calle Byberry y Roosevelt Boulevard.

Al día siguiente no estaba nada de alegre. Es más, estaba muy frustrado. Antes de ir a mi nueva área de trabajo, fui al edificio principal y les informé a un par de muchachos que vendían drogas para mí, que ya no estaría trabajando en ese departamento. Les dije que me habían transferido a otra sección, que si necesitaban drogas lo único que tenían que hacer era llamarme y les traería lo que ellos me pidieran. Pensé que esto me iba a funcionar.

Cuando me reporté al edificio en la calle Byberry ya habían veinticuatro personas trabajando allí. Era un almacén muy grande. Yo tenía unos papeles de trabajo del edificio principal que tenía que entregarle al supervisor. Al entrar al lugar gritaba, "¿Quién es el jefe de este lugar?"

Todavía era temprano por lo que la gente aún no se encontraba en el área de trabajo. Cuando entré de esta manera, todo el mundo me miró y les dije, "¿Qué están mirando? ¿Dónde esta el jefe de este lugar?"

Un empleado llamado Benny me escuchó y comentó, "¡Eha rayos! ¿A quién nos enviaron para acá? A Cozzy le espera una gran sorpresa." El se acercó al intercom para localizar al supervisor. Cuándo este apareció lo reconocí. Era el mismo hombre robusto que había conocido unas semanas atrás. Este era Cozzy. El tenía una sonrisa muy grande en su rostro porque se acordó de mí cuando estaba en el edificio principal y había trabajado tiempo extra para él. "Hola, ¿Cómo estas Joe?" me dijo. Pero luego se dio cuenta que yo estaba muy enojado. Tomé mis papeles y se los tiré. El los agarró con ambas manos llevándolos hacia su pecho. "¿Qué té pasa a ti?" preguntó con asombro. Mí respuesta fue decirle que avanzara y me enseñara que era lo que tenía que hacer.

Le dije que me habían enviado allí y que no estaba muy a gusto. Le dije, "Ahora, ¿Qué quieres que haga? No quiero estar aquí. Quiero regresar al edificio principal. Así que trata de que me regresen." Realmente yo no estaba molesto porque me habían cambiado de lugar, estaba molesto porque todos mis negocios de drogas estaban en el otro edificio y sabía que si no los velaba, los iba a perder.

Cozzy me miró y me dijo que aún faltaban quince minutos más para empezar a trabajar y que si quería me podía ir a beber una taza de café. Pero yo me senté allí al lado de un hombre mayor llamado Julio, quien vivía cerca del vecindario en la calle Fairhill y Cambria. Por falta de hacer algo mejor, comencé a hablar con él. Él me dijo que no era tan malo trabajar allí y que por eso no me debería preocupar. Le dije que se callara, que no quería escuchar nada acerca del trabajo.

Luego averigüé que Julio era cristiano y usaba frases tales como, "Gloria sea a Dios." Parecía que todas las cosas que él decía era un "Gloria a Dios." Julio me hacía sentir incómodo y sabía que él no me iba a agradar. También sabía que este trabajo en el almacén no me iba a gustar.

Capítulo 11

AÚN MÁS MISERABLE

Finalmente cuando sonó el timbre para comenzar a trabajar, Cozzy me llevó a mi área de trabajo. Este consistía en tomar una pompa de agua en aluminio y ponerle como un tipo de pegamento para que cubriera alrededor de la pompa. Si la pompa estaba deteriorada al ponerle pegamento, esta la dejaría como nueva. No me gustaba este trabajo para nada, aunque el fuerte olor a pegamento me atraía ya que me estaba embollando. Estaba frustrado, trabajaba sin deseo y sin interés. Durante el receso recibí una llamada telefónica de Bernard diciéndome que sus amigos necesitaban drogas. Les dije que pasaría por allá a la hora de almuerzo.

Durante la hora de almuerzo me dirigí al otro edificio y con mi identificación el guardia de seguridad me dejó entrar. Use el pretexto que iba a buscar mi almuerzo, dejé las drogas y me regresé a Byberry. Continué haciendo esto por dos ó tres meses.

El receso de la tarde era a las dos. Un día Cozzy se me acercó por detrás y me llamó por mi nombre. Cuando le escuché, salté con mucho nerviosismo. "Hombre, ¿Qué quieres? No te me acerques por detrás de esa manera." Le dije sobresaltado. Cozzy me miró riéndose y me dijo que quería hacerme una pregunta.

Comenzó con el comentario, "Parece que tú estas enojado con el mundo entero."

Airado le respondí, "Mira, sí estoy enojado con el mundo entero que diferencia te hace a ti. Es más, tú no me agradas. No me agrada ninguno de los muchachos de este almacén. Si me envías de regreso al edificio principal harás que esto sea para todos ustedes un mejor lugar de trabajo.

Pero si me mantienes aquí vas a tener problemas conmigo porque no le aguanto nada a nadie." Cozzy era muy paciente y mirándome dijo, "Joe, me gustaría hacerte otra pregunta." Le dije, "Pues apúrate con la pregunta y aléjate de mi vista." Así que preguntó, "Joe, ¿Sabes que Cristo murió en la cruz del calvario por tus pecados?" Yo solo lo miré y pensaba, "Hombre, hay algo malo en este tipo. ¿Está loco? No puede ser que él sea un religioso, se ve demasiado agresivo, tiene un porte muy robusto." De esta manera le pregunté si él era uno de esos religiosos que se pasan hablando de Dios. Me respondió, "No, soy un cristiano." Yo le advertí, "Haz lo que quieras pero no me hables de Dios, no creo en Dios y tampoco creo en el diablo. Ni siquiera deseo escuchar lo que tengas que decir."

Pero él siguió hablando, "Joe, déjame hacerte una pregunta más. ¿Crees tú que Jesucristo murió en la cruz para salvarte y que derramó su sangre para limpiarte de tus pecados?"

"Oye" le dije, "No quiero oír lo que tú tengas que decir, así que cállate y déjame solo. Si no te callas te voy a colgar a ti en una cruz y tú serás el que va a derramar sangre." Aún cuando había blasfemado a su Dios en una manera tan diabólica, Cozzy solo se sonreía conmigo.

"Joe, te voy a dejar solo, pero antes de irme quiero decirte algo más. ¿Sabes tú que los dueños de esta compañía son cuatro hermanos italianos y que son cristianos?" Le dije que no lo sabía y continúo diciendo, "El edificio principal tiene como de ochocientos a mil empleados y por lo menos 350 personas son cristianos que han nacido de nuevo."

Yo le interrumpí diciéndole, "¿Por qué me estas diciendo todo esto? No me interesa saber quién es cristiano ó quién no lo es."

Él actuó como si yo no hubiese dicho palabra alguna. "Hay algo más que te quiero decir. Hay veinticinco personas que trabajan en este almacén contigo y doce de nosotros somos cristianos." Le dije que más valía que me dejara quieto y que no estuviera predicando de este Jesús y sus cosas a mí. "Joe, ¿Ves aquella pequeña habitación? Bueno cada mañana vamos allí para orar y desde hoy vamos a estar orando por ti. Vamos a orar por ti para que Dios te salve."

Al oír esto amenacé a Cozzy diciéndole, "Más te vale que comiences a orar a Dios para que te salve de mí. Voy a matar al primero que venga a hablarme de ese Jesús y de sus cosas. No quiero oír nada acerca de Dios."

Cozzy comenzó alejarse de mí pero cuando llevaba algunos veinticinco pies de distancia se viró y me miró fijamente a los ojos diciéndome con una sonrisa bien grande en su rostro, "Joe, Jesús te ama." Luego se retiró por completo.

Eso me agitó en gran manera. Ese día cuando llegué a mi hogar le dije a Rick lo que me había ocurrido.

Dinero Rápido

Todos los días, después de salir del trabajo, me dirigía a la taberna que estaba en la calle Cuatro e Indiana, donde vendía drogas y me encontraba con gente de la comunidad que vendían drogas para mí. Le dije a Rick que los dueños de Cardos me habían enviado al almacén a trabajar y que por esta razón no podía velar más el negocio de las drogas. Yo quería que él velara a los vendedores por mí. Rick me dijo que haría lo mejor que pudiera pero que no me garantizaba nada. Aún cuando tenía un trabajo decente, yo continuaba vendiendo drogas y siendo un raquetero. Sólo usaba el trabajo como un frente. Lo que no sabía era que Dios me había ubicado en Cardos con un propósito divino. Él tenía un plan para mi vida y ni siquiera me había percatado de ello.

Un día Louie, un amigo mío, vino a verme. El era uno de los hombres viejos de la pandilla. Louie era como uno de mis hermanos. Era un hombre fuerte y un buen peleador; siempre velaba por nosotros cuando mi hermano Philip estaba preso. Ese día, él me habló de dos tipos italianos del sur de Filadelfia quienes se disponían a cometer fraude de seguros. Él conocía a un hombre moreno que me podía ayudar hacer dinero rápido usando sus fechorías. Yo hacía cualquier cosa que me dejara mucho dinero.

Louie me preguntó si quería conocerlo y le dije que sí. Los tipos que estaban cometiendo el fraude querían que dijéramos que estuvimos en un accidente. Lo único que tenía que hacer era firmar unos papeles y ellos me darían mil dólares por sólo decir esa mentira. Ellos sabían que iban a recibir más dinero por mi mentira ya que ellos también tenían a unos cuantos más diciendo lo mismo. Una vez concluida su secuela de mentiras, ellos habrían obtenido algunos $250,000.

Nos dijeron que nos darían más dinero y aún cuando esto sonaba como un buen trato, le dije a Louie, "Vamos a salir por unos segundos, necesito hablar contigo." Él me preguntó, "¿Qué pasa?" Y respondí, "¿Ves a estos tipos? Ellos probablemente son de la mafia." A lo cuál Louie respondió, "No lo pienso así. Solo el hecho de que sean italianos no quiere decir que ellos sean de la mafia. La mafia no pierde su tiempo con pequeñeces como éstas."

Pensé en asaltarlos para llevarles su dinero pero Louie me dijo que no lo hiciera porque el hombre moreno sabía quien era él y en donde vivía. Le dije a Louie, "No me importa porque él no me conoce a mí y no sabe dónde yo vivo. ¿Qué diferencia hay? Le voy a tomar el dinero pero no voy hacer ningún negocio con ellos." Tenía la intención de engatusar a estos tipos por el dinero que me habían dado. Louie me dijo que si esa era mi decisión, entonces lo tendría que hacer solo pues él no quería ser parte de eso.

Esos tipos del sur de Filadelfia llenaron lo necesario en los papeles y me dieron el dinero. Se suponía que regresara otro día para llenar el restante y los firmara. Después que recibimos el dinero Louie y yo regresamos a la taberna de la calle Cuatro e Indiana.

Aunque sólo tenía diecinueve años el dueño no me decía nada por estar allí. Él me tenía miedo, además le producía mucho dinero. Todos los de la pandilla, los que vendían drogas para mí y muchos de los que me conocían frecuentaban a la taberna. Cuando entraba en la taberna nadie me decía nada; no era un abusador, pero todos me respetaban por mi fama de loco.

Malgasté una gran cantidad de dinero ese día en la taberna. Pude convencer al dueño que abriera una discoteca en el segundo piso del edificio. Nosotros la atendíamos y nos iba muy bien, pues traíamos una buena cantidad de dinero a este negocio. Él pensó que era una buena idea especialmente cuando le garantizamos que el lugar se iba a llenar a capacidad.

Planificamos cobrar un dólar por admisión, pero pagarían el doble por las bebidas. La discoteca comenzó atraer muchachos y muchachas del vecindario. Windy, Shake & Bake, Big Bird, Georgie y su esposa Carmen aparecieron y trajeron a otras personas con ellos. Se llenaba el segundo piso de lunes a domingo. No tenía que pedirles a las mujeres que bailaran conmigo; pues lo único que tenía que hacer era aparecer. Las muchachas me rodeaban pidiéndome que bailara con ellas. Bailaba toda clase de música. Es más, era bastante bueno en el piso. Siempre vestí bien con ropas hechas por sastre y hasta diseñé mi propio estilo. Siempre tuve mucho dinero en mi bolsillo, aunque mientras más tenía, más dinero daba.

Vida en el Vecindario

Mi madre no sabía la vida que yo llevaba en el vecindario pero tenía cierta idea. Mientras llegara a casa cada noche, no estaría preocupada. Muchas veces me daba cuenta cuando entraba a mi habitación para ver que estuviera allí. Pienso que después de la muerte de Mikey, ella estaba constantemente preocupada sobre mi condición. Mi madre presentía que yo sería el próximo que iba a morir por la vida salvaje que llevaba. En realidad yo pienso que ella prefería verme muerto a que siguiera viviendo y causándole tanto dolor.

Después de fiestar llegaba a casa de madrugada. Hay que ver que yo llegaba siempre a las dos ó a las tres de la madrugada para luego levantarme a las cinco para ir a trabajar. Cada vez que cobraba, firmaba el cheque y se lo entregaba a mi madre. Adicionalmente, le compraba cosas para la casa, tales como muebles, estéreo y mucho más. Nunca me preguntó de donde sacaba el dinero.

En la taberna todo tipo de gente iba a donde mí para comprarme drogas. Lo mismo les vendía a los musulmanes morenos que a los blancos que venían del lado noreste de la ciudad. Ellos venían de todas partes pero no siempre me hacia de dinero. En ocasiones cuando mi hermana Debbie vendía drogas para mí, ella se quedaba con mi dinero. Perdía más dinero con ella que con cualquier otra persona.

Yo les daba dinero a todos mis hermanos y hermanas; siempre velaba por ellos ayudándoles por si necesitaban cualquier cosa. A veces, sino había fiesta en el fin de semana, yo le hacía una para ellos. Encontrábamos a los viejos de la pandilla, como a Johnny, Mike ó Georgie en la taberna y hacíamos la fiesta en la casa de uno de ellos. Comprábamos dos cajas de cerveza, llevaba la droga y la colocaba toda sobre la mesa. Tal vez era por eso que le caía bien a tanta gente.

Las esposas de algunos de mis amigos venían a donde mí llorando sus penas acerca de sus esposos y me decían que ellos no les daban dinero. Les ayudaba pero no me daba cuenta que al darle dinero lo que causaba era que se encariñaran conmigo porque les estaba dando lo que sus esposos no les proveía. Ellas me piropeaban pero como respetaba a mis amigos, me hacía el desentendido y aparentaba el no saber lo que estaba pasando. En ocasiones tuve que decirles dos ó tres cosas y ponerlas en su sitio. Algo puedo decir de la pandilla y es que éramos leales los unos a otros hasta la muerte. Aunque tuviera muchas mujeres no tenía paz en mi vida. Siempre que iba a la taberna me sentaba con la espalda hacía la pared ya que tenía que velar a todo el que entraba y salía.

A veces realizaba trabajo de cantinero para el dueño y a la misma vez vendía mi droga. El dueño de la taberna, Lupe y su hermano Gabriel, nunca nos dijeron nada porque sabían que nosotros les traíamos muchos negocios.

En otras ocasiones se llevaban acabo unos bailes bien grandes en algunos de los salones de baile y todos nos reuníamos para ir a bailar. Siempre estábamos juntos, los muchachos de la pandilla y los que vendían drogas para mí, pero a cualquier lugar que íbamos, siempre se formaba una pelea. Algo emocionante siempre ocurría; si no estábamos peleando, estábamos disparándole a alguien. Pensábamos que era algo emocionante dispararle a alguien sin darnos cuenta que implicaba hasta nuestra propia muerte.

Si alguien en el vecindario recibía una paliza, todos nos uníamos para tomar venganza. Salíamos a dispararle a la gente ó nos íbamos en el carro a disparar mientras el carro estaba en movimiento. Obligábamos a la gente que se mudaran de sus casas ó hasta que se fueran del vecindario.

Aún con todo el dinero y con todo lo que tenía; la lealtad de la pandilla y toda la conmoción en mi vida, me sentía muy miserable. Todos los días me pasaba preocupado pensando que alguien me iba a disparar ó que me apuñalearan ó mataran. Mi conciencia y mis pecados me perseguían día y noche y me preguntaba cómo moriría. Tenía tantas tentativas de asesinato contra muchas personas, había disparado a tantos y tenía tantos crímenes acumulados, que todos los días pensaba que esta gente tal vez algún día regresaría para tomar venganza y me matarían. Tenía este pensamiento en mi mente constantemente y creía que mi muerte sería una muy terrible y empecé a tener temor. Presentía que sería acribillado por una escopeta ó una ametralladora, ó tal vez, alguien me apuñalaría ó me pegaría fuego hasta matarme. Desde la muerte de Mikey, el temor a la muerte se había apoderado de mi vida. Pensaba sobre a dónde se había ido Mikey y que le pasó a su alma. Cuando ví a mi hermano en el ataúd, lo ví tan frío y sin vida alguna. Finalmente… ¿Estaba en paz? Realmente… ¿Había algo mejor que esta vida?

Pensaba que realmente tenía que haber algo mejor. Aunque me hacía de buen dinero vendiendo drogas y el trabajo que tenía en Cardos y aún cuando parecía que estaba viviendo bien, todo esto era falso. En mi vida no había paz ni gozo. Hubo muchos momentos en los que me recostaba en mi cama borracho y embollado para poder olvidar. En ocasiones tomaba relajantes ó fumaba marihuana para dormir y al día siguiente tomaba anfetaminas para levantarme. Muchas noches sólo me acostaba y pasaba la noche llorando. Yo quería buscar un amigo; alguien con quién pudiera hablar, pero parecía que todos estaban en mi misma situación.

Richie y yo siempre estábamos juntos y era la única persona con quién podía compartir algunas pequeñas cosas de mi corazón. A él le contaba algunas de las cosas que me estaban pasando y a veces deseaba llorar ante él. Aunque parecía que no confiaba en nadie, en Richie tenía más confianza que en cualquier de los otros muchachos. Soñaba tantas veces en cambiar mi vida y me imaginaba como viviría esa vida.

El Resto de la Historia

Pasaron unas cuantas semanas y los tipos italianos del sur de Filadelfia comenzaron a buscarme. Ellos querían que yo firmara el resto de los papeles para poder terminar con el fraude del seguro, pero yo no tenía intenciones de firmarlo. Como resultado de esto, ellos enviaron a unos tipos, todos muy bien vestidos, a la casa de mi madre y le dijeron que ellos eran de una compañía de seguros y necesitaban hablar conmigo.

Ellos no querían hablar conmigo, solo querían matarme. Pero no le tenía miedo, yo quería morir de todos modos. Quería que alguien me matara y a la misma vez pensaba que me iba a llevar a algunos de ellos cuando dieran conmigo. Esa era mi mentalidad en aquel entonces.

Por un mes completo, los tipos del sur de Filadelfia estuvieron llamando a la casa de mi madre dos ó tres veces en la semana, pero yo no les devolvía las llamadas. Mi madre ya estaba muy molesta por estas llamadas a la casa.

Un día de regreso a casa, ví a Philip hablando en el balcón con ellos. El no sabía que era lo que estaba pasando ya que nadie sabía sobre mis asuntos. Cuando logré contacto visual con él, rápidamente le hacia señales con la mano tratando de alertarlo a que no les informara nada a ellos. Me fui en mi carro y luego, esa misma noche me encontré a Philip en la taberna de Lupe. Él me preguntó, "¿Quiénes eran esos tipos y que es lo que está pasando? ¿Por qué ellos te están buscando en casa?" Le expliqué parte de lo que estaba pasando y le dije que por ellos no se preocupara.

Yo estaba considerando matarlos la próxima vez que se aparecieran por la casa pero por alguna razón ellos dejaron de molestarme. Tal vez tenían problemas más importantes que atender por lo que ellos simplemente dejaron de venir. Luego escuché decir que Louie estaba en el hospital debido a un disparo, no sabían quién lo había hecho si los tipos del sur de Filadelfia u otros.

Capítulo 12

ABSOLUTAMENTE SIN PAZ

Aunque Philip era mi hermano mayor, siempre tuve el presentimiento de que yo no le agradaba. Cuando éramos jóvenes nos llevamos mejor y siempre quería estar con él, pero ahora de mayores esto cambió. Cuando Philip vio que todos respetaban a su hermano menor eso comenzó a provocarle celos, tanto así que nos hizo la vida imposible. El les pagaba a sus amigos para que pelearan conmigo. En el grupo de Philip, había algunos alcohólicos que siempre estaban ebrios por que siempre estaban tomando el ron Bacardí. Cada vez que enviaba a uno de estos, el mismo recibía una paliza que le quitaba los deseos de volver por segunda vez.

Parecía que cada vez que escuchaba acerca de mi hermano, él había cortado a alguien. Cicatrizó la cara a tantas personas con su cuchilla que yo le decía, "Sabes que algún día alguien se va a cansar de lo que estas haciendo y te va a matar."

Él me decía, "Bueno, nací para morir. Todos tenemos que irnos algún día."

Philip siempre estaba enojado; muchas veces me daba lástima con su esposa Gladys. Antes de que Gladys comenzara a salir con mi hermano le dije, "Oye, no creo que tú quieras vivir con mi hermano, él esta loco."

Recuerdo que su respuesta fue, "No te preocupes que yo lo cambiaré." De todos modos el haber vivido juntos hizo que ella se diera cuenta del infierno que era estar con él. Una vez la corrió por las calles con un rifle Winchester 30.30 para matarla delante de sus propios hijos. Prácticamente torturaba a sus hijos apuntándoles con un revólver a su madre en la cabeza frente a ellos, jugando a la ruleta rusa. En otra ocasión, él intentó clavarla al piso. Yo nunca había visto a un hombre tratar a una mujer con tanta crueldad.

Hermano Contra Hermano

Philip me tenía tanta envidia que me guardaba una venganza personal. Él quería avergonzarme y no le importaba cómo. Había cuatro tipos que se pasaban con mi hermano: Indio, Travis, Johnny y Luther. Un día hubo una fiesta en la casa de Indio y mi hermano me invitó. Yo era uno de los que bailaba bien y ellos querían que bailara con algunas de las muchachas de ellos ya que ellos no sabían bailar mucho.

Mientras me retiraba del área de la cantina, Indio entró y me agarró por el cuello. Éste media algunos seis pies de estatura, pesaba unas 280 libras, y tenía fama de ser un abusador. Él quería aparentar que solo estaba jugando a lo rudo conmigo, pateándome en el estómago y arrastrándome de regreso hacia la cantina. Cuando me metió con la rodilla en el estómago me sacó todo el aire. Ya estaba cambiando de color cuando me tiró sobre la mesa de billar. Estaba sangrando por boca y nariz, pero pude agarrar aire y respirar de nuevo. Entonces mi hermano Philip, le preguntó riéndose, "Oye, ¿Qué le hiciste a mi hermano?" Me quedé callado y fui a limpiarme.

Philip se fue con Indio y el resto de los muchachos a su casa. Yo fui a buscarlo con mi pistola .25 automático y cuando llegué, Indio se encontraba sentado riéndose y bromeando acerca de lo que había hecho. Se levantó para agarrarme de nuevo, pero lo eché hacia atrás y le dije que si me agarraba como lo hizo anteriormente lo mataría. Luego lo golpeé frente a su esposa y a sus amigos. Indio fue y buscó un hacha, pero se dio cuenta de que yo no estaba huyendo. Sostuve la pistola sobre su frente y le dije, "Tú serás grande, pero te mataré aquí mismo delante de todos los demás." Su esposa y los demás comenzaron a rogarme que no lo matara. Indio estaba frío, casi muerto del miedo. Él cayó ante mí de rodilla y me rogaba, "Joey, por favor no me mates." Yo estaba tan enojado que quería volarle los sesos. No estoy seguro qué me detuvo, tal vez fueron sus niños que me estaban mirando.

Después de esto, Philip e Indio comenzaron a asaltar a mis vendedores de drogas quitándole todo el dinero, obstruyendo todo el negocio. Pensé enviar a un par de muchachos para matarlos. Había considerado esto aún cuando mi hermano estaba en el asunto. Pero antes de hacerle algo decidí ir a donde mi padre para hacerle saber todo lo que Philip estaba asiendo. Al encontrar a mi padre en la taberna le comenté que necesitaba hablar con él. Cuando sus amigos me vieron comenzaron a comprarme whisky. Ellos conocían mi reputación y pensaban que los libraría de problemas algún día, por eso me compraban los tragos.

Yo no quería ese tipo de amigos, pues quería salir de los problemas y salir de la vida ligera que estaba viviendo. Yo siempre decía que un amigo nuevo hoy, es un enemigo nuevo mañana. Le dije a mi padre, "Más vale que hables con Philip, porque si no logras reprenderle lo voy a matar. Te lo voy atraer a tú falda muerto." Mi padre sabía cuán enojado estaba, continué hablándole, "No me gusta lo que me está haciendo. El está asaltando a todos mis vendedores de drogas y tiene a sus amigos buscando problemas conmigo. Yo tengo deseos de matar a unos cuantos de ellos, así que habla con él antes de que comience a matarlos."

Mi padre me dijo que no me preocupara por eso, que él se encargaría del asunto. La próxima vez que Philip entró a la taberna de mi padre, él comenzó a darle bofetadas diciéndole que me dejara quieto. Mi padre le decía, "Tú sabes que Joey te matará." Le volvió a pegar de nuevo en la cara y Philip sacó un revólver apuntándole con él y mi padre enfurecido lo miró y le dijo, "Tú no matarías a nadie; tú eres un Don Nadie." Luego mi padre lo echó fuera de la taberna. Ya yo estaba en un punto en mi vida donde mataría a un sinnúmero de personas ó me mataría a mi mismo. Comencé a hacer una lista de las personas que mataría. Había mujeres que me pedían que matara a sus esposos; había gente que me pagaban de cinco a diez mil dólares sólo por matar a algún miembro de su familia. Seriamente pensé en hacerlo, pero no podía, no era un asesino a sueldo.

Conocí a otro grupo de italianos en el sur de Filadelfia y se me acercaron diciéndome, "Oye, hemos escuchado hablar acerca de ti por medio de un amigo que trabajaba con nosotros, un polaco llamado Bob. Te damos diez mil dólares por cada persona que tú mates por nosotros y si hay alguien a quién tú quieras matar nos los dejas saber y nosotros lo mataremos por ti. Queremos que parezca como algo racial; no queremos que parezca como que nosotros lo hicimos."

Esperando por el Viernes

Mientras trabajaba en Cardos por mi mente pasaban los tipos que había conocido, aquellos que habían ido a mi casa para que firmara los papeles del seguro. Finalmente encontraron a mi madre y por error ella les dio el número telefónico de donde yo trabajaba. Llamaron a la fábrica y Cozzy me pasó la llamada. Ellos me amenazaron diciendo, "Si no firmas los papeles te vamos a matar. Si no te podemos matar a ti, entonces mataremos a tú madre ó a tú hermana pequeña, junto con todos los que viven en la casa. Así es que más vale que firmes los papeles. Sino escuchamos de ti de aquí al viernes, tú familia morirá."

Esto me robó la poca paz que tenía. Yo estaba terriblemente preocupado especialmente por mi hermana Wandy, mi hermano Willie y mi madre. Conseguí una escopeta para tenerla en la casa y un revólver para llevarlo conmigo. Todos los días pensaba en ese papel, pero si lo firmaba, ellos me matarían de todos modos. No les tenía confianza de ninguna manera. Decidí que si ellos intentaban venir a casa temprano cuando mi hermano y mi hermana estuvieran, yo los estaría esperando.

Esa semana no compartí con mis amigos después de salir del trabajo. En lugar de eso estuve en casa con la escopeta debajo del sofá y el revólver encima. Mi madre no tenía idea de lo que estaba pasando ó porque no estaba saliendo para ningún lugar. Ya había planificado como matar a esos tipos en cuanto subieran al balcón.

Cozzy me observaba cuando entré al trabajó el miércoles y me dijo, "Joe, ¿Puedo hablar contigo?"

Le respondí, "Tú sabes que no me agradas y no tengo nada que decirte." Éste se adelantó diciéndome, "Joe, en tú ser interior no hay paz." Frecuentemente Cozzy me decía eso y luego me decía que Jesús era la solución a mis problemas. Cada vez que me decía esto sentía disgusto. En el almacén todos los cristianos trataban de buscar la manera de hablarme de Cristo. Ellos trabajaban a mi lado. No sé si Cozzy lo planificó de esta manera, pero ciertamente parecía así.

Había otro cristiano que trabajaba en el almacén y su nombre era John Gallashore. Éste fue un vendedor de drogas y también fue pandillero; miembro de la pandilla de la calle Doce y Poplar. John me relató todo lo que él había hecho. Cuando él mencionó el nombre de su expandilla, le dije, "Yo también fui de la pandilla de los Downtown Zulú y teníamos guerra contra ustedes. ¿Quieres pelear ahora?"

Me miró, se sonrió y dijo, "Sólo estoy compartiendo lo que hizo Dios por mí."

Le dije, "No quiero saber lo que Dios ha hecho por ti. Dios no me puede cambiar a mí porque no hay un Dios. Todo lo que me estas hablando es algo que tú mismo hiciste y deja de pensar que lo hizo Dios."

Pero él me dijo, "No Joe, Jesús fue quien hizo el cambio en mí. Él me limpió con su sangre. Él transformó mi vida." De repente me enojé y comencé a hablarle palabras obscenas. Le dije que se alejará de mí porque me estaba enojando y se alejó.

Mientras más se acercaba el viernes, menos paz sentía. Me quedé en casa y sólo salí para recoger el dinero de las ventas de drogas e inmediatamente regresaba a casa. El jueves me senté a ver las noticias, la escopeta estaba aún debajo del sofá, cerca de la puerta del frente. El revólver lo cargaba encima. Las noticias hablaban de cuatro italianos y un hombre moreno que estaban siendo arrestados por fraude de seguros. Mientras veía esto pensé, "Espera. Éstos son los que me estaban buscando."

La policía acababa de hacer una redada en la casa de éstos en el sur de Filadelfia y los arrestaron. La policía estaba buscando a otro que estaba involucrado por el mismo crimen. Cuando ví esto me sentí realmente liberado de una gran tensión al extremo que le di a mi madre un abrazo, un beso y más, veinte dólares para que se los ofrendara a la estatua de indio que ella tenía. Pensé que el indio me estaba protegiendo sin saber que era el Dios Todopoderoso el que había mostrado misericordia para con mi alma. Desde ese día en adelante volví a mi vieja rutina, ya no temía más porque preocuparme de ese problema.

Odio hacia los Cristianos

De regreso al trabajo, Cozzy todavía trataba de hablarme de Cristo. El no me decía su testimonio, lo único que decía era lo que Cristo podía hacer por mí. Esto realmente me enojaba tanto que comencé a aborrecerlo.

Yo tenía un carro nuevo y Cozzy tenía uno mucho más viejo. Un día mientras íbamos a nuestras casas, tenía un rifle de siete milímetros que pertenecía a un tipo irlandés llamado Bill quien trabajaba conmigo. Le pedí a Bill que me prestara su rifle y que les dijera a todos que se lo habían robado. Lo iba a usar para dispararle a esos tipos cristianos. Ya me tenían nervioso y se pasaban predicándome diariamente. Le dije a Bill que iba a matar a Cozzy. Mientras él iba hacia su casa después del trabajo, yo iba a pasar disparándole mientras manejaba mi carro. Él tomaba la ruta de la calle Woodhaven hacia la ruta I-95 sur porque él vivía en el sur de Filadelfia. Cozzy era el último que salía de la fábrica y quien cerraba el almacén. Cuando vio que todavía estaba en el estacionamiento, sé quedo asombrado al verme. Cuando se montó en su carro, este arrancó rápido, pero el mío no quiso arrancar. El carro mío era nuevo pero se tomó quince minutos en arrancar. Benny se acercó para ayudarme y cuando lo hizo el carro arrancó inmediatamente. Hoy sé que fue Dios quién libró a Cozzy de las manos del maligno. La Biblia dice, "Si Dios es por nosotros, ¿Quién contra nosotros?" Claro, que eso yo lo desconocía para ese entonces. No sabía que Dios estaba con Cozzy, y que ni siquiera Joey podía ir en contra de él; por lo tanto era imposible matarlo.

Dos semanas después estaba trabajando en el forklift del almacén. Yo tenía que recoger unas paletas con cuatro drones de calipers en cada una. Había entre veinte a treinta paletas y cada una era de 55 galones. John Gallasore estaba haciendo lo mismo que Cozzy, siempre tratando de predicarme. Al mirar a John me causaba una gran ira en el corazón. Deseaba matarlo. Tuve un plan macabro y pensé que podía hacer que pareciera como un accidente si le echaba encima los calipers.

Intenté hacer que el forklift parara de repente con los drones y así provocar que se cayeran cuando John estuviera frente a mí. Cada dron pesaba varios cientos de libras ó kilos. Caerían cuatro mil libras sobre él, pero en lugar de caer sobre John, los drones cayeron al lado donde me encontraba. No me aplastaron porque salté del forklift en cuanto me di cuenta de lo que había pasado. Estos drones doblaron el forklift. Dios estaba con John Gallashore y tampoco podía allegarme a él.

Aborrecía a estos dos hombres porque ellos insistían en predicarme sobre Jesús. Para mí, estos cristianos insensatos y caprichosos, eran unos necios. Yo les seguía diciendo que ellos no sabían lo que estaba pasando y que ellos no estaban en nada. Sin saber que el que no estaba en nada era yo. Esos hombres mostraron el amor de Dios hacia mí con fidelidad.

Cada mañana ellos me traían café con donas. A veces la esposa de Benny Holland horneaba una torta y Benny traía de ella al trabajo. Él intentaba compartir con todos, pero yo lo rechazaba. Durante la hora de almuerzo Bob, Bill y yo nos íbamos afuera para burlarnos de los cristianos. Nos reíamos de ellos y les llamábamos diferentes nombres como farsantes y necios. Al ellos comprarme café y donas hacían que les aborreciera más, especialmente a Cozzy y a John Gallashore.

Capítulo 13

CARMEN

Después de todo esto en mi vida, no tenía intención, ni interés en casarme. Tenía temor de entrar en una relación seria pues pensaba que terminaría matando a la muchacha si ella me presionaba ya que me irritaba fácilmente, de todas maneras, siempre tuve muchas novias. Las usaba para mi propio beneficio y luego las dejaba. A veces, algunas muchachas querían ser mi novia por mi reputación; ellas pensaban que alcanzarían mayor respeto de los demás muchachos. A veces las muchachas querían salir conmigo sólo porque querían desquitarse con otros muchachos ó porque querían que yo golpeara a otro. Ya estaba cansado de golpear a la gente.

Wandy, mi hermana pequeña, asistía a la escuela en la calle Torresdale y Wakeling en el noreste de Filadelfia. Ella conocía a la secretaria de la escuela, quien acostumbraba a tomar el autobús con ella y se hicieron muy buenas amigas. La secretaria tenía algunos diecinueve años de edad y yo tenía para ese entonces veintiuno. Wandy me podía pedir cualquier cosa que quisiera y yo se lo daba. Le dije que le iba a comprar un carro cuando ella cumpliera dieciséis años si hacia bien en la escuela. Yo le compraba a ella y a mi hermano Willie, equipo de entretenimiento para sus habitaciones. Estaba haciendo tanto dinero vendiendo drogas que podía comprarles todo lo que ellos quisieran.

Wandy me daba la impresión de que cada vez que yo llegaba a casa del trabajo, ella estaba hablando por teléfono con su amiga. Yo le preguntaba, "Wandy, ¿Con quién hablas?" Ella me contestaba que hablaba con su amiga, la secretaria de la escuela.

Un día me accidenté en el trabajo, así que estuve en casa por casi dos semanas. Los autobuses no estaban en función debido a una huelga. Por lo tanto, Wandy me pidió que la fuera a buscar a la escuela. Durante las dos semanas que estuve en casa, la buscaba todos los días. Yo amaba a mi hermana Wandy. Ella era hermosa, con cabello negro y de piel canela. Ella y Willie se pasaban juntos jugando y peleando el uno con el otro. Yo no quería que Willie se criara como yo, viviendo la misma vida miserable. No quería que Wandy creciera viviendo la vida que tuvieron mis otras hermanas.

Mis otras hermanas se fueron de la casa para ir a vivir con sus novios. Vivian era la única que estaba casada. Yo estaba tratando de evitar que Wandy fuera por el mismo camino de ellas. Cuando ella me pedía algo, yo buscaba la forma de dárselo. Me desvivía por ella y por Willie.

Ya para el tercer día en que estuve en casa sin trabajar, fui a recoger a Wandy a la escuela y ella invitó a su amiga que nos acompañara. El nombre de su amiga era Carmen. Cuando me acerqué a recoger a mi hermana, ella me preguntó si podía llevar a su amiga Carmen hasta la casa. Claro, le dije que sí. Wandy se montó en el asiento del frente, Carmen y otra muchacha que estaba con ella, en el asiento de atrás. Hablaba con Carmen intentando ser cortés con ella. Carmen vivía en la esquina de la calle Cinco y Clearfield.

Recuerdo haber pasado por ese vecindario y verla a ella y a su hermana mirando por la ventana. Le pregunté a Carmen si ella venía de una familia muy estricta y ella me contestó con una pregunta, "¿Por qué quieres saberlo?" Luego me dijo que sus padres eran muy estrictos. Le relaté que cuando caminaba por su vecindario las veía mirando por la ventana. Para mí que ella nunca salía de la casa, pero ella me dijo que sí salía para alguna fiesta de vez en cuando. Sólo que no le gusta salir mucho.

Carmen era una muchacha muy bonita y con una sonrisa preciosa. Mi pensamiento era, "Vaya, Wandy tiene una amiga muy bonita y también muy amigable y sociable." Finalmente llegamos a su casa y le dije que estaría recogiendo a Wandy todos los días a la escuela y que si ella necesitaba que la llevara a su casa, yo la podía llevar. Me respondió que sí y que me lo agradecería.

Al día siguiente busque a Wandy a la escuela y también a su amiga. Hice esto sólo porque quería ser cortés con ella, pues aún todavía tenía un poco de bien en mí. Esta era mi filosofía: sí eras amigo mío y tenías necesidad de dinero, te lo daba. Si no tenías un abrigo te daba el mío. Pero si me hacías mal, te eliminaba al día siguiente. Yo era ese tipo de persona. Me mantenía lejos de los demás, nunca le decía a la gente lo que había en mi corazón.

Carmen hablaba conmigo luego que las recogía. Más sin embargo, no tenía ninguna intención de salir con ella y ni tan siquiera acercarme a ella. Yo estaba viviendo la vida rápida. Luego de haber dejado a Carmen y a Wandy, me iba a buscar a otra muchacha ó sino me iba a embollarme ó a vender drogas. En muchas ocasiones no llegaba a casa, porque pasaba la noche en la casa de algunas de las muchachas con las que salía. Me iba a casa temprano en la mañana con suficiente tiempo para bañarme antes de ir al trabajo, esa era la clase de vida que vivía.

Cuando regresé al trabajo, Wandy me dijo que su amiga estuvo haciéndole un sinnúmero de preguntas a cerca de mí. Mi hermana con frecuencia venía a donde mí para hacerme preguntas muy personales. Finalmente, confronté a Wandy y le dije, "¿Por qué me haces tantas preguntas de mi vida personal?" Ella no me quiso decir que su amiga estaba tratando de saber más de mí. Wandy me preguntó si yo tenía novia y le contesté que no. Pero ya cansado de sus preguntas, le contesté que tenía muchas novias.

Mi hermana me respondió, "No Joey, sólo puedes tener una y tiene que ser una mujer buena." Miré a Wandy y me sonreí porque pude ver que ella estaba madurando.

¿Sabe Ella Quién Soy?

Wandy me saludó un día mientras llegaba de la calle, diciéndome que su amiga quería hablar conmigo. Le dije a mi hermana, "Hablar conmigo. ¿A cerca de qué? Yo no la veo a ella hace casi dos meses." Wandy me dijo que Carmen quería que la llamara. Yo estaba muy sorprendido y le pregunté, "¿Sabe ella quién soy?" Yo sabía que la amiga de Wandy no hubiese querido tener nada que ver conmigo si hubiese estado consciente de que yo era conocido como el "Rey" de los criminales en el vecindario. Carmen era una joven decente y no vivía la vida ligera que yo vivía.

Mi hermana la llamó y habló con ella un rato en espera que yo entrara a la cocina, entonces le dijo a Carmen que yo quería hablar con ella. Wandy estaba jugando el papel de Cupido, intentando unirnos. Wandy me pasó el teléfono y yo comencé a hablar con ella. Le pregunté que quería y porqué quería hablar conmigo. A eso ella me contestó, "¿Qué quieres decir con eso?" Le contesté, "Wandy, me dijo que querías hablar conmigo."

Carmen estaba sorprendida al oír eso, pero su voz me decía que ella estaba también contenta. Ella me dijo lo que Wandy le había dicho y entonces nos dimos cuenta de lo que estaba tratando de hacer Wandy. Como ya estábamos hablando por teléfono y ella era una muchacha bonita, le pregunté si podía seguir hablando con ella. Yo quería conocerla mejor y le pregunté si estaba de acuerdo. Carmen dijo que no había ningún inconveniente. Nos hicimos amigos y la llamaba dos a tres veces a la semana, sin intención alguna de ser su novio. Me seguía diciendo a mí mismo, "Si esta muchacha se entera quién soy no va a querer tener nada conmigo."

En una ocasión, me suspendieron de Cardos por treinta días por que no había mucho trabajo. No me importó porque yo estaba vendiendo drogas y realmente no perdía nada. Como Wandy salía de la escuela a las 2:00 de la tarde, podía buscarla junto a Carmen. Un día le dije a Carmen que me gustaría salir con ella y me contestó que estaba bien. Carmen no solamente era hermosa sino también que poseía un espíritu dulce y gentil. Ella me dijo que aún no podía ir a su casa porque ella quería conocerme mejor antes de que fuera a su casa. Me consolé con pensar que no tenía intenciones de ir a su casa. Mientras nadie sabía que me veía con ella, nadie le podría decir que yo estaba saliendo con otras muchachas.

Luego de haberla conocido mejor me enteré que ella no había salido con ningún otro muchacho. Ví eso como una oportunidad de ser el primero de tener intimidad con ella. Yo siempre me mantenía bien vestido, usando zapatos costosos, reloj de oro y sortijas de diamantes. Carmen pensó que la razón por lo que me veía vestir bien era porque tenía un buen empleo. Ella no sabía nada acerca de mi vida pasada ó de mis negocios de drogas. Me daba cuenta de cuán dulce era, pero mi intención real era de ir más allá con ella. Yo pensé que era fácil lograr eso con ella, pero no lo fue. Una vez que salimos a una cita, nos sentamos en el carro y comencé a besarla y a tocarla. Ella me agarró ambas manos y me las alejó de ella. Eso realmente me impresionó porque todas las demás muchachas que conocía eran fáciles. Pensé que ella sería un poco difícil, pero que algún día ella cedería.

Wandy estaba alegre porque Carmen y yo estábamos saliendo, pero entre menos nos vieran juntos mejor para mí. Yo no quería decirle a Carmen acerca de mi vida pasada porque sabía que si le decía cómo era que vivía y lo que hacía, ella se atemorizaría y me dejaría. Estaba intentando mantener todo bajo cubierta. Estuve saliendo con Carmen como por seis meses y nadie de mi vecindario ó mis amistades sabían sobre la relación. La única persona que sabía sobre esto era Richie, porque él y yo siempre estábamos juntos. Carmen y yo pasábamos las horas juntos y luego la dejaba cerca de la esquina de la casa. Yo me iba a casa, me bañaba y luego regresaba a mi estilo de vida rápida: embollándome, vendiendo drogas y saliendo con otras mujeres. Me vino al pensamiento que algún día me gustaría casarme con una mujer como Carmen, pero que sabía que no podía serle fiel a nadie.

Wandy continuaba hablando constantemente acerca de Carmen. Cuando no quería verla, la llamaba y le decía que iba a quedarme en casa el resto del día. Claro que eso era una mentira. Siempre terminaba embollándome con los muchachos.

En el fin de semana cuando ella me llamaba, nunca me encontraba en casa. Nos veíamos dos ó tres veces a la semana y a mí me gustaba eso porque así mantenía lo que tenía en la calle. Además, no sabía si estaba listo para aquietarme. A veces pensaba que Carmen podría ser la mujer de mis sueños; que podría salir del enredo en que estaba viviendo y que pudiera vivir la buena vida que deseaba. Realmente quería tener una vida de paz, tener hijos y ser un buen padre para ellos. No quería tratarlos como mi padre me trató a mí.

En lo profundo de mi corazón nunca supe lo que era realmente amar a alguien. Nunca amé a ninguna muchacha que tuve como novia. Para mí el amor era placer y una manera de satisfacer mi necesidad como hombre. No sabía lo que era amar a una mujer. Temía que si alguna vez me enamoraba en serio de alguna mujer terminaría matándola si ella me hacía enojar.

Después de haber salido con Carmen por seis meses, entendí que era mejor mantenerme lejos de ella ya que muchas batallas llenaban mi vida. No podía dormir de noche y mis pecados continuaban atormentándome. Todas las veces que iba a mi trabajo, estaba endrogado, no sabía que hacer con Carmen. ¿Me quedo con ella ó la dejo? ¿Estoy realmente preparado para esto? me preguntaba. Sabía que si seducía a Carmen y la dejaba, Wandy estaría terriblemente herida. Yo la amaba tanto que no quería herirla, así que decidí quedarme lejos de ella.

Tiempo de la Verdad

Las visitas y las llamadas telefónicas fueron disminuyendo y Carmen se dio cuenta que ya no estaba intentando verla con tanta frecuencia. Aún cuando comencé esta relación con el pensamiento de usarla para mi placer, mis intenciones cambiaron debido al tipo de muchacha que era. Realmente quería que ella fuese feliz. No quería que ella viviera la clase de vida que las mujeres que yo conocía vivían. Ellas siempre se sentían miserables; algunas hasta se mataron porque pensaban que no había nada para lo cuál vivir.

Finalmente decidí decirle a Carmen todo acerca de mi pasado. La llame, nos encontramos en la calle Bridge y Pratt y fuimos al parque, Diamond Square Park, en la calle Susquehanna y Howard. Ya sentados en el carro, comencé a relatarle la historia acerca de un muchacho que conocí. Mientras yo le contaba la historia ella no se daba cuenta que le estaba hablando acerca de mí.

Carmen me preguntó cuál era el nombre del muchacho y yo le dije que se llamaba "Joe." Le dije que cuando ese muchacho era un niño ya era un criminal el cuál entraba y salía de los hogares juveniles y de la prisión. Él vivió en las calles y muchas veces se escapó de su hogar. Su mamá le tenía que dejar la comida en un tiesto del patio para que comiera. Con frecuencia, la comida no estaba cubierta y las moscas se metían en ella, pero él se la tenía que comer de todos modos.

Ella respondió con simpatía, "Wow, ¿Tú conoces gente que ha vivido esa clase de vida?"

Y continúe. Ese muchacho vivió una vida solitaria y miserable. A la gente le gustaba tenerlo a su alrededor. Nadie realmente sabía por lo que estaba pasando Joe. El vivió una vida rápida cuando era joven. Él le disparó y apuñaló a mucha gente; aún tenía una reputación de ser un violador. Algunas de las historias que la gente decía acerca de él eran verdad, pero muchas eran mentiras.

Carmen me seguía haciendo la misma pregunta, "¿Tú realmente conoces gente así?"

Le dije que este muchacho Joe fue el jefe de unas de las pandillas más grandes en Filadelfia y que él era un criminal notorio. Él robó dinero de mucha gente y estuvo con unas cuantas mujeres. Joe se sentía como si nunca pudiese aquietarse.

"Él suena," dijo ella, "cómo un hombre muy solitario; como alguien que tiene que sentirse miserable y amargado."

"Créeme," le dije, "él es realmente miserable." Yo continué diciendo que Joe tenía un empleo y era un trabajador muy eficiente. Aún cuando él era un vendedor de drogas, estaba tratando de ser una persona buena; alguien que pudiera contribuir a la sociedad. De todos modos, sentía que su pasado lo seguía día y noche.

Carmen dijo, "No podemos juzgar un libro por su cubierta." Le respondí que estaba absolutamente en lo correcto pero desgraciadamente la gente con frecuencia juzga a los demás por lo que ellos ven por fuera. A eso ella respondió, "No puedes condenar una persona por su pasado, porque la gente puede cambiar. Yo conozco a gente que han cambiado."

Le pregunté si ella realmente creía que la gente podía cambiar. Carmen me dijo que sí y que ella y su familia estaban en la iglesia y que ella se había criado en las cosas de Dios.

Le pregunté, "¿Crees tú que hay esperanzas para Joe?"

"Claro que sí. Siempre hay esperanzas para Joe," me respondió. Recalque el hecho de que este hombre había hecho tantas cosas malas, más ella continúo diciéndome que había esperanzas para Joe.

Entonces le dije la verdad, "Yo soy Joe."

Carmen estaba sentada justo a mi lado, pero cuando escuchó esto se movió hacia el otro lado. Ella me miró a los ojos y le dije,"Mira, te voy a decir algo. Todo lo que te he dicho acerca de Joe es realmente acerca de mí. Sólo quería ser honesto contigo." Mis sentimientos por Carmen se habían convertido en algo serio y me sentía mal por haberle mentido. Le admití,"Tú realmente no me quieres a mí y no hay esperanzas para mí. Nadie me puede cambiar. Nada puede cambiar a un hombre que ha derramado tanta sangre y a herido a tanta gente. Tengo cicatrices en mi corazón que nadie puede sanar. He sido llamado un criminal de carrera y siempre lo seré. Desde que he estado contigo lo único que he hecho es corretear por ahí con otras mujeres." Aunque eso fue cierto al principio de nuestra relación, también era cierto que por los últimos dos meses había estado tan envuelto con ella que no me había acostado con otra mujer. Aún estaba intentando mantenerme lejos de las pandillas y de las drogas.

Tenía la esperanza que ella fuera la muchacha que me pudiera ayudar a cambiar mi vida. Siendo sincero, le confesé, que había dejado de llamarla y de verla porque estaba saliendo con otras mujeres. No quería herir sus sentimientos, pero tampoco quería que ella se enamorara más de mí y luego se enterara acerca de mi pasado. Le informé que ella podía salirse de esta relación. Le dije que si ella se quedaba conmigo, lo único que yo quería era lograr tenerla, ya que ella era virgen, y que no me importaba nada acerca de ella.

La parte final era una mentira. Le dije esas cosas porque temía entrar en una relación más seria con ella, sabiendo que jamás le sería fiel. Yo sentía que si fuera aún tan lejos como a casarme con ella, volvería a hacer mis cosas y nuevamente, dentro de unos cuantos meses, estaría corriendo con otras mujeres de nuevo y continuaría vendiendo drogas. Cuando Carmen me miró, ví lágrimas en sus ojos y me dijo que nunca se imaginó que yo pudiera ser ese tipo de persona.

Le dije, "Es lo que soy, no disfruto decirle a la gente lo que he hecho, pero todo lo que te he dicho es la verdad. No hay nada que cambie eso. Carmen, no quiero herirte. Tú eres inteligente y una mujer joven y hermosa. Búscate a alguien mejor que yo, porque no soy bueno para ti. Te he hablado de lo más profundo de mi corazón." Nunca me había expresado de tal manera con nadie en mi vida, ni siquiera con Richie.

Carmen me miró y se acercó a mí nuevamente diciéndome, "Joey, te amo. ¿Tú crees que tú puedes cambiar?"

Le dije, "Nada me puede cambiar." También le confié que me estaba enamorando de ella y esa era la razón por la cuál tenía que ser honesto. No quería herirla, pero ella queriendo motivarme dijo, "Conozco gente que vivían esa clase de vida que tú acabas de describir y han logrado cambiar. Si quieres, intentaré ayudarte."

Yo estaba a punto de llorar cuando ella me dijo eso, pero no podía porque siempre retenía mis lágrimas en mi corazón. Me quedé mirándola fijamente y le dije, "¿Tú ayudarme a mí? Nadie me puede ayudar."

"Joey, ahí es donde tú estás equivocado. Siempre estás pensando negativamente. Te he estado estudiando en los últimos seis meses y tienes una autoestima muy baja. Tú puedes cambiar, Joey. Si tú quieres, te ayudaré, pero tú tendrás que poner de tú parte."

No le dije nada, sólo encendí el carro y manejé hasta su casa. Ella me preguntó si podía verme de nuevo.

"Sí, te llamaré. Mi hermana Wandy realmente te aprecia y piensa lo mejor de ti; nunca haría nada que pudiera herirte a ti ó a Wandy." Sonriéndose, me abrazó, se bajó del carro y se fue caminando.

Capítulo 14

UN CAMBIO DE CORAZON

Manejé hasta casa, me di una ducha y me fui sólo para el Museo de Arte en Fairmount Park. Estacioné el carro y me fui caminando hacia el museo. Tenía marihuana y dos cuartos de cervezas. Mientras estaba allí solo, fumando marihuana y tomando cerveza, pensaba en lo que Carmen me había dicho anteriormente - ¡Que yo podía cambiar y que había una manera de cambiar!

Ella no sabía que por haberme dicho eso, estaba causando que me enamorara más de ella. Esa noche me llamó, estuvimos hablando un rato y me preguntó si todo estaba bien. La semana siguiente, la pasé en casa. Todos los miembros de la pandilla y los muchachos con los cuales frecuentaba en la taberna se preguntaban qué me había pasado. Estaba tratando de alejarme de ellos para ver si realmente podía cambiar.

Tal vez Carmen tenga algo que me pueda ayudar, pensé. En ese entonces fue la única semana que experimenté paz en mi vida. Mi mente estaba en blanco y no pensaba en el pasado. Me quedé en casa durante esa semana porque quería pensar sobre esto. ¿Realmente querré yo cambiar? ¿Querré yo algo serio con esta muchacha? Me gustaba la vida rápida, el dinero fácil, las mujeres fáciles y la reputación que tenía. Durante esa semana sólo hablaba con Carmen por teléfono, no quería verla todavía. Después que terminó la semana, me encontré con ella y me preguntó por qué me estaba quedando tanto en mi casa.

"Mira," le dije, "Quiero que seas mi novia desde hoy en adelante." Ahora la relación estaba comenzando a hacer seria. Aún acostumbraba estar con los muchachos, pero mi corazón ya no estaba en eso; mi corazón estaba con Carmen.

Cuando salía, las mujeres se me echaban encima, pero no me podía ver tomando ventaja de esta oportunidad. Seguía pensando en Carmen y el amor que tenía ella hacia mí, el cuál me había dado esperanza de cambiar. Continuamos así por dos ó tres meses.

¿Qué es el Amor?

Mi supervisor Cozzy, comenzó a ver cambios en mí. Un día en mi tiempo de receso, yo estaba escribiendo un poema y Cozzy se acerca a mí y me dice, "Mira, Joe, ¿Qué es eso que estás escribiendo?"

Aún cuando pensé que lo odiaba, mi corazón comenzó a ablandarse debido a lo que me había hablado Carmen. Le dije que era un poema. Él me preguntó si estaba enamorado ó algo por el estilo. Le dije que no se metiera en mis asuntos.

Había algo de Cozzy que me atraía, aún cuando yo no lo quería admitir. Cozzy era como un padre. El siempre estaba tratando de hablarme y me miraba a los ojos, algo que mi padre nunca hizo. Nunca conocí el color de los ojos de mi padre. Cozzy siempre buscaba la manera de acercarse a mí. Él estaba constantemente lanzando pequeñas semillas del evangelio a mi corazón. Cozzy me preguntó si podía leer mi poema y le dije que sí.

Cuando Cozzy leyó el poema, su comentario me inspiró esperanza. "Joe, ¿Puedes ver el talento que tienes? Estás permitiendo que todo se vaya al desperdicio."

"¿Qué quieres decir? ¿Qué significa eso?" le pregunté. "Es un pedazo de papel, no sirve para nada," le dije.

"Es de tú corazón, Joe. Si le das a esa muchacha ese poema, ella se va a enamorar aún más de ti. Joe, cuando lo escribas a maquinilla, ¿Me das una copia para yo dárselo a mi esposa?" me respondió.

Nuevamente le dije que sí.

Fue la primera vez en mi vida que alguien apreciaba lo que yo había hecho. Me llevé el poema para mi casa, mi hermana Vivian lo escribió a maquinilla y le coloqué la foto de Carmen. Realmente era algo bonito porque ella parecía un ángel en la foto. Yo le entregué una copia a Cozzy. Él tenía a todo el mundo en el trabajo leyéndolo y todos querían una copia. Realmente me sentí importante sin darme cuenta que mi corazón se había ablandado. Desde ese día en adelante, Cozzy empezó a hablarme de sí mismo.

Después de haber enmarcado el poema y la foto, llamé a Carmen para decirle que quería encontrarme con ella y que tenía algo pequeño que quería darle. Siempre pensé que el oro, la plata y otras cosas materiales eran lo que impresionaban a la mujer, porque eso eran las cosas que yo conocía. Lo envolví y se lo entregué. Cuando finalmente ella lo abrió, leyó el poema y me miró. Pude ver en sus ojos que ella había recibido esto con más alegría que si hubiese sido una joya de oro. Ella estaba realmente emocionada por el poema y le pregunté, "¿Por qué estás tan emocionada? Después de todo, es sólo un pedazo de papel." Ella me dio varios besos y se abrazó fuertemente sobre mí. Finalmente, la aleje de mí y le pregunté, "¿Qué té pasa? Es sólo un pedazo de papel y tú te comportas como si te hubiese dado un millón de dólares."

Me respondió, "Esto puede ser un pedazo de papel, pero lo que está sobre el es de tú corazón y muestra que hay algo bueno en tú corazón, Joey. Mira el talento que tienes y tú ni siquiera te das cuenta. Hay tanto bien en ti, Joey. Tú tal vez has hecho cosas malas en el pasado, más aún quedan cosas buenas dentro de ti. Esto significa más para mí que cualquier pedazo de oro que tú me hayas dado, porque viene de tú corazón. Esto es un pedazo de ti."

Yo estaba confuso, no sabía que decir. No sabía qué pensar y me preguntaba si realmente me estaba enamorando y… ¿Qué es el amor? No sabía lo que era el amor. Pensé que el amor era tener sexo, pero ahora todo era diferente. Cada vez que la llevaba a su casa y regresaba a mi casa, sentía la paz que Carmen me dejaba cuando estaba junto a ella. Ella siempre me hablaba cosas positivas y aún cuando no era cristiana, se había criado en el evangelio. El cambio fue notable en mi vida, pero aún tenía temor de irme a dormir. Mi pasado me atormentaba y seguía teniendo unas pesadillas horribles con gente que me estaban matando.

Un Semilla de Vida

Un día Cozzy me haló hacia un lado y me dijo, "Joe, necesito hablar contigo." Yo estaba tan frustrado, cargado y confuso ese día que no quería hablar con nadie. Estaba durmiendo menos y menos cada noche. También sabía que mis sentimientos estaban creciendo profundamente hacia Carmen y que tarde ó temprano tendría que conocer a su familia. Ellos me iban a rechazar; me imaginaba que sería así. Una vez tuve una novia llamada Cindy y su familia me rechazo en gran manera y ese dolor aún permanecía en mí.

Mientras Cozzy me llamaba le dije, "No necesito hablar contigo, solo salte de mi cara."

Pero en vez me dijo, "Joe, no tienes paz; en las últimas dos semanas te he visto llegar cada mañana y tus ojos tienen círculos oscuros alrededor de ellos. No estás durmiendo lo suficiente. Joe estás haciendo buen trabajo, pero estas perdiendo mucho peso. Puedo ver que no tienes paz. Joe, escúchame aunque sea una vez más, Cristo Jesús es la única solución a tú problema."

Cuando escuché eso le respondí muy enojado, "Escucha, no quiero oír nada acerca de Jesús. No creo en Dios. No creo en el diablo. ¿Tú crees qué porqué me senté contigo los otros días, te dejé leer mi poema y te di una copia que ya somos amigos? Pues quiero que sepas que tú no me agradas; no me agrada la gente blanca; no me agradan los morenos y ni siquiera me agradan los puertorriqueños, odio a todo el mundo."

Lo que le estaba diciendo, no lo sentía en mi corazón. Algo estaba pasando dentro de mí y no sabía lo que era. Sabía que había ofendido a Cozzy, pero yo en realidad no quería ofenderlo porque realmente me estaba comenzando agradar. Me gustaba escuchar lo que él tenía que decir acerca de Jesús.

Cozzy me dijo, "Joe, tengo que mostrarte algo." Se quitó la camisa y cuando hizo eso, pensé que quería pelear. Le dije que regresaría en un momento. Fui a mi carro y busque mi pistola. No puedo explicar las emociones mixtas que sentía; estaba enojado, más sin embargo no lo estaba. Se estaba desarrollando una batalla dentro de mí. Le dije a Cozzy que si él quería pelear yo pelearía con él. Sabía que Cozzy no quería pelear, lo que quería era que lo escuchara. Él quería decirme y mostrarme algo muy importante.

Yo tenía la pistola en la mano cuando Cozzy dijo, "No, Joe, yo no quiero pelear, sólo quiero mostrarte algo de mí." Cuando se quitó la camisa, ví las cicatrices que tenía en su cuerpo de las balas y las siete puñaladas que había recibido.

Me explicó, "Yo no fui criado en una iglesia. No he sido un cristiano toda mi vida, sólo han sido cuatro años desde que le pedí a Cristo que entrara en mi corazón."

Yo le interrumpí, "Chico, ¿Dónde has estado? ¿En Vietnam? ¿Qué te pasó?"

Cozzy continuo, "Joe, cuando era un niño, fui bautizado a la mafia. A una edad temprana era un delincuente juvenil. He sido un convicto; también traficante de drogas y he estado en la prisión. Cuando tan sólo era muy joven tenía una mala reputación. No he estado en una iglesia toda mi vida. He estado en programas del gobierno y he sido un fugitivo de la justicia. Iba a la casa de la gente que le debía dinero a la mafia y les rompía los pies a estas personas y luego los dejaba atado en un sótano. Nos llevábamos su muebles, joyas ó cualquier cosa que tuvieran, para cobrarle lo que le debían a la mafia. Viví una vida miserable, derramé sangre y cometí crímenes violentos. Trataba a mi esposa como si fuera una perra porque no sabía como tratar a una mujer. No sabía como tratar a nadie. Joe, mi familia nunca me amó. Yo era considerado como una amenaza para la sociedad. Continuamente estaba bajo temor de que la gente fuera a dispararme ó apuñalearme."

Mientras él me decía eso, me miraba a los ojos y lo hacia fijamente. Cada vez que me hablaba, me le quedaba mirando fijamente porque no parecía el tipo de hombre que él estaba describiendo. "Tú no pareces un criminal," le dije. Cada vez que él me hablaba, veía el reflejo de mi vida. Todo lo que él había pasado era exactamente por lo que estaba pasando. Yo temía que alguien me matara a tiros ó a puñaladas.

Él continuo, "Joe, yo tampoco tenía paz, siempre estaba corriendo pensando que alguien me quería matar. Cuatro años atrás en una taberna caí sobre mis rodillas. Clamé a Dios y Él me respondió. Dije, 'Dios, soy un pecador. Haré lo que Tú quieras. Sólo te pido que cambies mi vida.' Cuando clamé a Dios, Él me contestó y sentí que se levantó la carga que había sobre mí. Sentí como si corriera electricidad por mi cuerpo. Fue la sangre de Jesucristo que me limpiaba de todos mis pecados. Desde ese día en adelante, yo soy una persona nueva. Desde ese día he sentido paz en mi vida. Durante los pasados cuatro años, hasta este día yo he amado a Jesús. Él quiere hacer la misma cosa en tú vida."

Cuando Cozzy me dijo eso, él estaba tocando mi corazón con sus palabras, pero aún había una gran batalla dentro de mí. Yo quería hacer lo que era correcto pero no podía. Quería cambiar, pero no podía. Entonces comencé a gritarle a Cozzy, como si toda mi ira estuviera saliendo a la superficie. "Dios no es real. Si Dios es real, ¿Por qué dejó que te apuñalaran y te tirotearan? Yo he disparado y he apuñalado a mucha gente también. He herido a mucha gente. He estado en prisión y en casas juveniles. Con todo esto, nunca he sido disparado ni apuñalado y Dios no está conmigo."

Cozzy me dijo, "Joe, si has hecho todo lo que tú dices que hiciste y nunca fuiste apuñalado ó disparado es porque Dios tiene planes para tú vida. Por esta razón te trajo a esta fábrica, para salvarte Joe. Los dueños de esta compañía son cristianos y también lo son cerca de trescientos empleados del edificio principal."

Y continuó, "¿Por qué Dios te ha puesto en un ambiente cristiano si no te hubiese querido salvar? Nosotros oramos todos los días en esta compañía, Joe. En este almacén, tú sabes que de veinticinco empleados que hay, doce somos cristianos. ¿Tú piensas qué es una casualidad que estés aquí? No, fue el propósito divino de Dios y Él quiere que tú escuches estas historias. Dios quiere que tú escuches esto que comparto contigo, porque Él quiere librarte."

"Tal vez Él ha puesto a esta muchacha Carmen en tú camino. A lo mejor ella no es una cristiana, pero puede estar ahí para ayudarte, Joe."

Seguí gritándole a Cozzy porque no quería escuchar lo que él me quería decir. "Nadie me puede cambiar. No hay quién pueda hacer eso, no quiero ni siquiera oír de Dios. Ya no me hables más acerca de Él." Cozzy me miraba al rostro y nuevamente le dije, "Dios no puede cambiarme," y me alejé de él.

Mientras me alejaba, Cozzy exclamó nuevamente diciendo, "Joe, Jesucristo te ama. Ya he sembrado una semilla en tú corazón."

139

Lo miré y me burlé. Tomando lo que él había dicho como un chiste, le pregunté, "¿Qué vas a sembrar, una semilla de marihuana?"

Él tenía una respuesta para todas mis preguntas. "No," me dijo, "Una semilla de *vida*."

Cuando él dijo eso al parecer fue como una lanza que había salido de su boca y entró en mi corazón. De repente sentí una paz que nunca había sentido.

Capítulo 15

DIOS ESTÁ LLAMANDO

Mientras estaba trabajando, pensaba en Carmen y en su familia; un día tendría que conocerla. No importa cuánto había cambiado porque para mí, ellos me iban a rechazar. Ellos jamás perdonarían mi pasado. Pensaba que tenía que dejarla y olvidarme de ella. De repente, me llegó un pensamiento y me habló una voz muy suave pero me atormentaba, "Joey, mátate." Comencé a meditar en ese pensamiento diciéndome, "Tal vez eso es lo que debo hacer. Tal vez si me quito la vida entonces encontraré paz. Habrá un criminal menos por la cuál la ley y la sociedad tendrán que molestarse más."

Luego, escuché otra voz en mi mente que me hablaba en una forma calmada, "Joey, mucha gente quisiera verte muerto. No sólo quítate la vida sino llévate a otros contigo." Eso me sonó como buena idea y decidí que eso mismo haría.

En mi tiempo de receso comencé a preparar una lista. La primera persona en esa lista fue mi padre. Yo les echaba la culpa a mis padres por la vida que llevaba. Luego de mi padre, iba a matar a mi hermano Philip, porque todavía él se pasaba asaltando a mis vendedores de drogas y me estaba dañando mis negocios. Después de Philip, mataría a mi madre, para que así no sufriera la muerte de mi hermano. Ya ella había sufrido mucho por la muerte de Mikey y siempre me culpaba por su muerte. Por eso la mataría. Aún cuando amaba a mis padres y a mi hermano Philip, el odio que les tenía era mayor.

Luego de mi padre, Philip y mi madre, tenía los nombres de cuatro de mis vendedores de drogas: Izzy, Georgie, Kiki y Junior. A ellos porque estaban tomando del dinero de mis drogas. Después de ellos, iría donde los italianos del sur de Filadelfia para pedirles que me dieran los cuarenta mil dólares por el contrato de matar a las cuatro personas que ellos querían que yo eliminara. Le iba a dar el dinero a mi hermana y a mi hermano más pequeño. Luego planificaba matar a mi novia Carmen y a sus padres. Le había enviado flores a su mamá en el día de las madres para ver si ella me recibía. Ella, en vez, las lanzó por la ventana a la basura. Eso quebrantó más mi espíritu.

Tenía diecisiete personas en la lista.

De repente comencé a llorar y no entendía el por qué. Era como si alguien hubiera tomado una llave y abriera mi corazón. Estaba llorando y temblando. Sentía un gran dolor en mi estómago. Posiblemente por úlceras que tenía debido a mis constantes preocupaciones por los problemas. De todos modos, mi llanto venía de lo más profundo de mí ser. Lágrimas bajaban por mis mejillas, mientras mi cuerpo temblaba. No podía entender lo que me estaba ocurriendo.

Los doce cristianos en el almacén tenían la llave. En la Biblia, Jesús nos dice que Él nos ha dado las llaves de los cielos y que todo lo que atamos aquí en la tierra será atado en los cielos. Y que todo lo que desatamos en la tierra será desatado en los cielos (Mateo 16:19). Esos cristianos tenían la llave, y era la oración. Ellos oraban por mí todos los días. Aún con todas las agresiones y el infierno por los que les hacía pasar, metiéndolos aún en muchos problemas, ellos seguían orando por mí.

Mientras lloraba y pensaba en matar a todas estas personas, me preguntaba, "¿Por qué no puedo ser igual que los demás seres humanos? ¿Por qué no puedo tener paz en mi vida? ¿Por qué no puedo ser una persona normal, sin estar en la violencia y estar pensando en golpear a la gente? ¿Por qué tengo que estar pensando en disparar? ¿Por qué no puedo tratar a mi novia bien? Constantemente estoy humillando a Carmen, levantándole la voz y hablándole con palabras obscenas por causa de mi ira y el pecado en mi corazón. ¿Por qué no puedo hablarle en forma amorosa y amarla como ella me ama a mí? ¿Por qué no puedo tener la misma paciencia con ella, como ella la tiene conmigo?"

En ese instante escuché otra voz, no era la voz de un ser humano. Era una voz fuerte como el estruendo de un trueno. Me llamaba desde arriba, tal como lo dice la Biblia – "era como torrentes de agua." La voz sonaba como si alguien estuviera gritando a través de un tubo grande y hueco. Me llamaba por mi nombre y la primera vez que lo escuché mi cuerpo comenzó a temblar y a estremecerse. Dijo, "José."

Entonces, mi cuerpo tembló aún más y sentí como si algo había sido disparado en mi cuerpo. Me giré y le pregunté a los muchachos que estaban detrás de mí si ellos me habían llamado. John Gallashore se giró hacia mí diciéndome, "No te hemos llamado."

Continúe llorando cuando de repente, escuché la voz por segunda vez y dijo, "José." Esta vez fue mucho más alto y mi cuerpo tembló aún más. Me sequé las lágrimas de los ojos para mirar a John y a Juan para ver si ellos fueron los que me habían llamado.

Ellos dijeron que no sabían de que yo les hablaba. Nuevamente les dije que alguien me estaba llamando. Fui a la oficina de Cozzy que se encontraba al frente. Cuando entro a su oficina, él me preguntó que había pasado. Parece que se había dado cuenta que estuve llorando. Le pregunté si me había llamado y me contestó que no. Le dije que alguien me había llamado en dos ocasiones. El me dijo en manera de broma, "Joe, a lo mejor te está llamando el Señor."

Le dije que no creía en Dios y que él no me estaba llamando.

El continuó diciendo, "Joe, Dios te está llamando. Él tiene un propósito y plan para con tú vida. Yo creo que Dios te va a usar para su gloria."

Regresé al área de trabajo, agarré un tubo de acero y lo puse a mi lado y pensé, "Estos cristianos se creen que estoy jugando con ellos. Si me llaman por tercera vez, voy a romper algunas cabezas con este tubo."

Por la siguiente media hora no pasó nada. Yo seguí mirando hacia atrás para ver lo que los muchachos estaban haciendo a mí alrededor, sin saber que era Dios el que me estaba llamando. No entendía lo que estaba pasando. De repente comencé a llorar nuevamente. Pensaba en el dolor que tenía en mi corazón. En todo el rechazo que había sentido, sobre las diecisiete personas que planificaba matar y la idea de quitarme la vida después de hacer eso y seguí llorando.

De repente, cuando ví la pared de bloques que estaba delante de mí, esta se convirtió en una gigantesca pantalla de película. Sentí una electricidad que me corría por todo el cuerpo y de momento me cubrió una nube. Mientras miraba a mí alrededor sólo podía ver la nube bien espesa y mi cuerpo comenzó a temblar. Era difícil explicar lo que me había pasado ese día, pero está es la mejor forma que puedo explicarlo. Escuché la voz por tercera vez, pero ahora era aún más fuerte y mi cuerpo se estremeció, temblando aún más. Esa voz dijo, "José."

Lo único que podía ver delante de mí era esta pantalla similar a las que hay en los teatros. Un hombre detrás de mí comenzó a hablar. Mientras él hablaba, mi cuerpo continuaba temblando. Me llamó otra vez por mi nombre diciéndome, "José, ¿Por qué no te dispararon este día?" Él me mostró las veces en las que había tenido mis encuentros con la muerte. Me mostró la vez cuando estaba en una pelea de pandillas contra los muchachos de la calle Cinco y Westmoreland y éstos nunca dispararon su revólver ni sus rifles.

Me mostró cuando yo tenía doce años y huí de la policía salté de un edificio de cuatro pisos. Me partí ambas piernas y aún así no fui a un hospital. Seis meses después, ya estaba caminando con normalidad. Lo próximo que ví en la pantalla fue cuando estaba encadenado por el cuello en el sótano de mi casa y me escuchaba decir, "Voy a matar a mi padre. Voy a matar a mi padre." Se me reveló cuando abrí las puertas a las tinieblas y permití que entrara en mi corazón para que se apoderara de mí. Me ví de niño siendo rechazado por mi madre, por mi padre y por la sociedad. Cuando sólo tenía doce años la gente en mi comunidad me llamaban "el hijo del diablo." El hombre me mostró cuando estaba siendo apuñalado diecisiete veces frente al restaurante Churchs Chicken, en la calle Orianna y Lehigh, mientras peleaba con nueve o diez muchachos. Los miembros de la pandilla me quitaron el abrigo de cuero y me examinaron. El abrigo estaba todo cortado, pero el cuchillo nunca llegó a mi cuerpo.

Él me mostró la hora en que estaba en la discoteca y había veinte muchachos listos para matarme mientras yo les gritaba, "Mátenme, mátenme." Pero por alguna razón no pudieron tocarme. Me observaba mientras veía mi carro nuevo, cuando lo manejaba atravesándolo por una ventana de cristal que iba hacia un sótano en la calle Dieciseis y Wallace, cuando tenía diecinueve años de edad. Todas las llantas se explotaron y nada me pasó, ni siquiera un rasguño. Me mostró cuando estuve frente al juez a la edad de doce años por todos los crímenes violentos que había cometido y el juez me dijo, "No sé porque, pero te tengo que dejar ir." Luego me ví cuando estaba en un programa del gobierno, esperando de diez a veinte años de sentencia, pero que nunca tuve que cumplir el tiempo completo. Pude ver todas las veces que estuve preso y todos los crímenes que había cometido y sólo me dieron probatoria por la mayor parte de ellos.

Él me mostró que tenía un plan para mi vida.

El hombre me habló por una hora y entre más hablaba, más yo lloraba. Yo quería mirar hacia atrás para ver quién era el que me hablaba, pero no podía. Así que grité,

"¿Quién eres? ¿Quién eres?" De todos modos, no podía ver quién era.

De repente, sentí como si algo se hubiera levantado de mí. Ya no sentía la sensación de la electricidad en mi cuerpo pero me sentí muy mal del estómago y comencé a vomitar. Mientras devolvía, Cozzy estaba caminando por allí y se me acercó diciéndome, "No te ves nada bien." A esto le contesté que me sentía extremadamente mal del estómago y que quería irme del trabajo. Me dijo que estaba bien y añadió que si podía, tratara de estar en el trabajo el día siguiente. Manejé durante todo el camino hacia casa sintiéndome muy mal, devolviendo por el cristal del carro. Hasta me tuve que detener en dos ocasiones.

Izzy

Cuando finalmente llegué a casa, ví a mi madre recostada en el sofá. La habían despedido del trabajo. "Wow, ¿Qué te pasó?" exclamó. Mis ojos estaban hinchados y rojos de tanto llorar. Mi madre continúo diciendo, "No te ves muy bien y últimamente tú no has estado comiendo muy bien tampoco. Has estado perdiendo mucho peso."

"Mami, siéntate y escúchame por un rato," le dije. "No sé por donde comenzar y no sé si debiera decirle a alguien lo que ví. La gente tal vez piense que estoy loco." Le dije a mi madre que algo extraño me había ocurrido en el trabajo y ella me preguntó sobre qué. "Mami," le dije, "Hoy sin razón alguna, en el trabajo, comencé a pensar en matar a mucha gente. Estoy cansado de la vida y no sé si quiero seguir viviendo. Mientras trabajaba, me vino al pensamiento el quitarme la vida y que llevara a otras personas conmigo."

Entonces ella saltó y dijo, "Muchacho, ¿Por qué quieres hacer eso?"

Le dije, "Por que escuché una voz que me dijo que si me mataba y mataba a toda esta gente, finalmente encontraría la paz. Mientras estaba pensando realmente en hacer esto, algo extraño me ocurrió. Cuando oí la primera voz no sentía paz. Me sentía atormentado por esa voz y me dije a mi mismo, '¡Eso es lo que voy hacer, voy a quitarle la vida a mucha gente y luego me voy a suicidar!' " Le dije a mi madre que había hecho una lista de diecisiete personas a las que planificaba matar. Mi madre comenzó a llorar. "Mami, tú sabes que cuando me propongo hacer algo, lo hago."

Continué diciéndole, "Mientras estaba pensando de esa manera comencé a llorar. Mientras lloraba, escuché una voz que me llamaba, pero no era como la primera voz que me atormentaba. Era una voz que sonaba como trueno y me llamó por mi nombre tres veces. La tercera vez que me llamó, me mostró mi vida entera."

Al escuchar eso mi madre dejó de llorar y comenzó a escucharme con más atención. Temblando ella dijo, "Muchacho, estás haciendo que se me paren todos los pelos en mi cabeza." Le respondí, "Mami, esa voz me mostró una pantalla gigante, como la del teatro, y en la misma me veía cuando era un niño. Ví cuando tú y Papi me rechazaban y cuando Papi me encadenó por el cuello. Me mostró mi vida entera y el por qué nunca me apuñalearon, me dispararon ó no me mataron. Aún me reveló las veces que estuve en la prisión, en el programa del gobierno y en hospitales de salud mental. Me mostró cuando estaba frente al juez y el por que nunca fui a la cárcel a cumplir el tiempo completo por las cosas que hice."

De repente mi madre me detuvo. Ella estaba realmente muy emocionada y brincó del sofá gritando, "Es el espíritu del indio. Es el espíritu del indio. Sigue prendiéndole velas."

Le grité, "Tú estas loca. Yo no creo en esas cosas. No fue un indio que me llamó, fue otra persona, probablemente Dios."

"Joey" ella dijo, "Creo que estás perdiendo la mente. Estuve hablando con el psiquiatra de Gigi y me dijo que él quería verte. Le he estado contando todas las cosas que estás haciendo, que no puedes dormir de noche y que cuando logras dormir, a veces hablas mientras estás dormido diciendo que vas a matar gente. Le dije al psiquiatra que tú necesitabas ayuda."

Le dije a mami que yo no creía en psiquiatras tampoco. Ella me dijo que le prendía velas todos los días al indio, creyendo que algún día, algo bueno vendría a mi vida. Entonces comenzó a llorar de nuevo y dijo, "Joey, a veces miro en tú habitación para ver si estás ahí. Hay ocasiones cuando espero que alguien toque a la puerta y me diga que te han asesinado. Vivo en temor de esta terrible noticia."

Me enfurecí con ella después de haberla escuchado. Sentí un deseo inexplicable de escupirle y atravesarle un cuchillo por el pecho. "Me voy de aquí. Tú estás loca. Siempre estás prendiéndole velas a esos indios. Yo sé que tú le oras a ellos y les das dinero. Hubo ocasiones en las que por poco me convences. Yo he dado dinero a los indios. Se lo echo en el agua que tú llamas agua bendita y cuando regreso en la noche, el dinero no está. Sé que los indios no se lo llevaron. Hay otro que se lo esta llevando así que déjame quieto con respecto a los indios."

Busque un revólver decidido a matar a uno de mis vendedores de drogas por haberme estado fallando por mucho tiempo. Él me debía ochocientos dólares en drogas. En lugar de darme mi dinero, se lo estaba consumiendo en las drogas. Manejando hacia la calle Cuatro e Indiana, encontré a dos muchachas que conocía, Chunky y Little Woman. Observé que iban caminando por la calle y me ofrecí a llevarlas. Ellas me preguntaron que drogas tenía. Les di anfetaminas y marihuana. Ellas me preguntaron si quería ir a una fiesta el jueves en la noche pero les dije que tenía negocios que atender. Quería hablar con Izzy a quien también llamábamos Big Bird. Izzy era originalmente de Nueva York pero se había mudado para Filadelfia. Él era un tipo alto con un peinado exótico. Aun cuando realmente me agradaba, estaba a punto de matarlo debido a la deuda de dinero que tenía conmigo. Verdaderamente creía que si no mataba a Izzy todos los demás tratarían de tomar ventaja sobre mi y mis negocios de drogas.

Llegando a nuestro destino, las dos muchachas se bajaron del carro y entraron a la taberna, consiguieron algo de tomar y salieron. Cuando salieron, yo estaba hablando con Izzy. De repente, saque mi revólver. Izzy estaba con un tipo llamado Gun, y otro amigo moreno llamado Tom, quien vivía mas abajo de la cuadra, y dos muchachos más que eran de la pandilla. Tenía el revólver en mi mano derecha y le pregunte a Izzy, "¿Dónde está mi dinero? Estoy cansado de tus juegos. Quiero mi dinero ahora mismo y no me importa lo que tengas que hacer para conseguírmelo, pero lo quiero ahora."

Me enojé aun más con Izzy porque estaba endrogado. Yo sabía que el no tenía mi dinero, pero también sabía que si no hacia algo, él continuaría con el mismo juego que tenía conmigo. Cuando las muchachas que estaban conmigo vieron el revólver, Little Woman gritó, "Joey, no hagas eso. No lo mates." Le dije, "Cállate ó te mato a ti también." Las muchachas cruzaron la calle alejándose de nosotros.

Mirando a mis alrededores veía como la gente observaban desde sus ventanas. Los muchachos al otro lado de la calle también estaban mirando. Varios de los muchachos que usualmente me compraban drogas también estaban allí. Nuevamente le pregunte a Izzy, "¿Dónde está mi dinero?"

Izzy respondió, "Oh, Joey, me lo gaste todo en drogas."

Y le dije, "Oh, ¿Te lo gástate todo en drogas, huh?"

Él suplicaba, "Si, pero mañana te lo entregaré. Chico dame otra oportunidad." Izzy acababa de cumplir una sentencia de siete años en una prisión en Nueva York y estaba tratando de convencerme con su labia sicológica de la prisión. El continuó, "Joey, ¿Vas a permitir que nuestra relación termine por un poco de drogas?" El tenía la esperanza de suavizar mi corazón con sus palabras, pero le dije que quería mi dinero y lo quería ahora.

Le dije, "No intentes siquiera hablarme con tú labia. Si no me lo entregas, te voy a matar delante de todos los que están aquí." Escuchándome, me daba cuenta que no era yo el que hablaba. Mi boca se movía pero yo podía oír que era otra voz la que salía a través de mí. No sabía lo que estaba ocurriendo, pero sentía que mi sangre hervía. Le dije a Izzy, "Como tú gástate todo mi dinero en drogas, a ti te voy a gastar a tiros." Apunte con mí revolver, me preparé para dispararle, cuando de repente sentí que alguien me tocó en el hombro.

Capítulo 16

SOMBRAS BLANCAS Y NEGRAS

Convencido que la policía estaba detrás de mí, tome el revólver que tenía en la mano, lo baje con la intención de tirarlo debajo de un carro, pero que en lugar de hacer eso, rápidamente lo devolví a mi bolsillo. Cuando me gire para ver quien estaba allí, para mi gran sorpresa ví a una pequeña anciana. Tenía una bolsa pequeña debajo del brazo izquierdo y con la otra sujetaba unos pedacitos de papel. Reconociendo que fue ella la que me había tocado en el hombro comencé a gritarle, "¿Mujer, está usted loca? ¡No ve que estoy a punto de matar a este tipo y me está interrumpiendo!" Al hablar sentía como si estuviera poseído por demonios.

Aún cuando no tenía respeto alguno por ella, no podía mirarla a los ojos. Le dije que se alejara de mi cara, pero aún así, ella con toda la calma del mundo me dice, "Tenga joven." Me entregó cuatro pequeños tratados cristianos.

Yo me quedé asombrado, "¿Me quiere decir que me interrumpió de matar a este hombre para tan solo darme cuatro pedacitos de papel? De todos modos, ¿Qué es esto?" Con su rostro radiante me dijo, "Esos son tratados, pequeños pedazos de papel que hablan acerca de como conocer a Dios." "Tengo que decirte algo joven. Voy a la iglesia que queda en la calle Cinco y Somerset. Mientras estaba orando con unos cuantos miembros más de la iglesia, Dios me habló y me dijo, 'Levántate y ve a la esquina porque hay un joven allí que yo quiero salvar.' Y ese joven eres tú."

La miré fijamente mientras me reía en una forma diabólica y le respondí, "Señora, usted me quiere decir, si es que realmente hay un Dios, que él descendió del cielo, se sentó en su iglesia y comenzó a hablar con usted." Pacientemente ella me explicó, "No, eso no fue lo que ocurrió. Dios habló a mi corazón diciéndome que me levantara y viniera a esta esquina. Hay un joven aquí a quién Él está llamando. Él quiere salvarlo porque tiene un plan y un propósito para su vida. Ese joven eres tú."

"Mujer, usted esta loca al igual que toda la gente de la iglesia." Tomé los tratados y los hice pedazos en mis manos. "¿Ve lo que hice con estos tratados?" Le tire los tratados dándole en la cara con ellos y le dije, "Te odio a ti y a todos los cristianos. Ya estoy cansado de todas estas cosas acerca de Jesús."

Atemorizada por mi gritería, ella se giró y se fue corriendo al otro lado de la calle. Gun vió todo el horrible episodio y grito, "Joey, déjala quieta. Ella es una mujer de Dios."

Yo le respondía que no me interesaba quién era ella, y comencé a correr tras ella al otro lado de la calle gritándole, "Te odio, te odio."

Cuando ella llegó al otro lado de la calle, se detuvo y girándose hacia mí, me miro fijamente a la cara y me dijo, "Jesús te ama." Mientras ella me decía esas palabras yo caí hacia atrás y comencé a temblar por dentro. No entendía lo que estaba ocurriéndome.

Nuevamente le grité, "Te odio."

Y una vez más ella me dijo, "Jesús te ama." Y nuevamente caí hacia atrás. No podía ni siquiera acercarme a ella. Por tercera vez ella mencionó ese nombre y dijo, "Jesús te ama," y luego se alejó. Yo me puse muy nervioso y confuso. Regresando hacia la esquina, me había olvidado que quería matar a Izzy. Ese pensamiento se había ido de mi mente, mientras aún temblaba.

Gun se había dado cuenta que yo estaba temblando, "¿Qué té está ocurriendo Joey?" me preguntó. Le contesté que no sabía pero que cuando la mujer me dijo que Jesús me amaba, mi cuerpo comenzó a temblar. Entonces me dijo, "Joey, esa mujer es mi vecina. Ella es una mujer de Dios y también es una mujer de oración. Ella está llena del poder de Dios así que, déjala quieta."

¿Podra Ser?

Aún temblando, entré a la taberna a tomarme una cerveza. Estuve allí por media hora pero comencé a sentirme enfermo. Le dije a mis amigos que los vería al día siguiente y me fui a casa.

Cuando mi madre me vio me dijo que no me veía nada de bien. Le contesté que no era nada y que me dejara quieto. Ella siguió molestándome diciéndome que debería ver a un siquiatra. Le respondí que no necesitaba a un siquiatra porque no había ningún problema conmigo.

No pude dormir esa noche. Daba vuelta, de lado a lado, hasta que finalmente me levanté y me senté en el balcón. Eran como las once de la noche. Me fume unos cuantos cigarrillos de marihuana, pero aún temblaba por dentro. Esa voz en mi mente seguía diciéndome que me matara y que matara a las diecisiete personas que tenía en mi lista. Sonaba como mi propia voz, pero me atormentaba. Volví a mi habitación y me tomé cuatro pastillas de valium, cada una de .25 miligramos. Pensaba que me iban a tumbar, pero que tampoco ellas me ayudaron.

Mi cama estaba ubicada cerca de la ventana, en el segundo piso donde vivía. Me pare en la cama y pensaba tirarme por la ventana, pero por alguna razón no podía moverme. Sollozando me preguntaba qué me está pasando. Pensaba, "¿Será que realmente Dios me está llamando? ¿Podrá estar Dios realmente usando a estos cristianos para hablarme? ¿Podrá ser que Dios esté usando a esta gente en la fábrica para hablarme? Tal vez las oraciones de ellos realmente estén funcionando. Tal vez es verdad que Dios me está llamando." Finalmente logré quedarme dormido.

A la mañana siguiente me levanté y fui a trabajar. De allí llamé Carmen por teléfono y le dije que tenía que verla. Yo pensaba que estaba perdiendo la mente. Planifiqué salir temprano del trabajo para que ella se encontrara conmigo en la calle Brigde y Pratt. La recogí alli y nos fuimos al parque de Fairmount y nos quedamos sentados en el carro. Compartí mis problemas con ella relatándole que algo muy extraño me había ocurrido en el día anterior.

"Carmen, no creo que la gente me vaya a creer cuando les diga lo que me ha ocurrido. La gente va a pensar que yo estoy loco, pero yo sé que no lo estoy. No entiendo lo que me ocurrió en el día de ayer, pero mientras estaba trabajando estuve pensando en matar a diecisiete personas. Aún estaba pensando en matarte a ti y tus padres e inclusive pensaba también en matar a mis propios padres, a Philip y a varias personas más.

Estoy cansado de la vida y no tengo paz en mi corazón. Intento ser bueno contigo pero aborrezco la manera en que te trato. No sé ni siquiera porqué estás aún aquí, pero lo estás y realmente te lo agradezco. Eres la única persona que me ha dado esperanza diciéndome que yo puedo cambiar.

Aún cuando estoy intentando cambiar, se me hace muy difícil porque mi pasado no me deja tranquilo. Me sigue día y noche, parece ser que estoy huyendo pero siempre me alcanza." Continué diciéndole, "Ayer mientras tenía estos pensamientos de matar a esa gente, escuché otra voz que me llamaba. Era fuerte como un estruendo. Me llamaba por mi nombre. Me llamó por una segunda vez, pero yo pensaba que eran los muchachos que estaban trabajando de atrás de mi. Pensé que ellos me estaban echando una broma. Busqué un tubo para pelear con ellos por si me volvían a llamar nuevamente."

"La voz me llamó por tercera vez y me mostró mi vida entera como si se hubiese puesto una gran pantalla de cine delante de mí. Me mostró todas las veces que me habían disparado, apuñalado y aún cuando estuve tan cerca de la muerte, pero nunca me pudieron tocar. Me mostraba cuando no cumplía mucho tiempo por los crímenes que había cometido. No sabía que me estaba pasando, ni sabía a quien le pertenecía esa voz. Lo que sí sé es que cuando mencionaba mi nombre yo sentía una paz sobre mí - una paz que jamás había sentido en mi vida."

Carmen estaba maravillada y exclamó, "Wow, tú me dices esto y me da escalofrío. Sabes Joey, que la Biblia habla acerca de hombres que Dios llamó por sus nombres. Puede ser que Dios te esté llamando."

"No quiero escuchar eso," le discutía. "Dios no es real y el diablo tampoco es real." Claro, ahora entiendo que el diablo me mantenía creyendo que él no era real para seguir engañándome. Mientras él podía hacer eso, también me hacía creer que no había una solución a mis problemas.

Le pregunté a Carmen, "¿Tú piensas que Dios me pueda estar llamando?" "Sí," ella respondió.

"Tal vez tú necesitas ir a una iglesia y tratar de conocer a Dios."

"¿Ir a una iglesia? Si voy a una iglesia tal vez se caiga el edificio. No hay Dios que pueda perdonar todos los crímenes que he cometido."

Pero Carmen no se daba por vencida y me decía, "Si Joey, Dios puede perdonarte." Comenzó a decirme como fue que Moisés mató a un hombre y Dios lo perdonó. También me habló de Saulo (Pablo) el cuál envió a muchas personas a la muerte y Dios lo perdonó. Ella continúo compartiendo historias de la Biblia acerca de gente que habían pecado contra Dios y como fue que Dios los perdonó y luego los usó poderosamente. Le dije, "Tal vez vaya a una iglesia algún día pero no ahora, no me siento bien." La llevé a su casa y luego me regrese a la mía.

La Batalla Continua

Pensando en todas las cosas que ella me había dicho acerca de la Biblia, me decía a mí mismo, "Tal vez debería ir a una iglesia."

El viernes por la noche hablé con ella y el domingo en la mañana me levanté para ir a una iglesia. Quería saber lo que me estaba pasando. Quería saber si era verdad que Dios estaba haciendo todas esas cosas. Así que fui a la iglesia Católica St. Peters en la calle Cinco y la avenida Girard. Cuando entré no sabía que hacer. Después de encontrar la caja donde se echaba la ofrenda, eché un menudo con la esperanza de que algo bueno saliera de ella; pensé que tal vez esa noche yo tendría paz. Lo que realmente me llamó la atención fue que había una figura de una persona muerta dentro de un ataúd de cristal. Le pregunté a alguien que quién era la persona y me contestó que era un sacerdote importante del pasado. El sacerdote parecía estar hecho de seda.

Poniéndome de rodillas dije, "Dios, si tú eres real y si tú me estás llamando, entonces déjame saber que eres tú el que estás haciendo todo esto." Cuando salí de la iglesia aún no tenía paz; entre sin paz y salí de igual manera, sin paz.

Ese día me quedé en casa hasta cerca de las cinco de la tarde. Luego bajé para estar en el vecindario y me fui a tomar con los muchachos en una de las esquinas. Quería decirle a Richie, Gun y a Shake sobre lo que me estaba ocurriendo, pero sólo me quedaba unos diez minutos en todos lo lugares que iba. Pensaba que alguien me estaba siguiendo. Entraba y salía de los diferentes sitios a donde iba. Yo seguía mirando hacia atrás creyendo que alguien me estaba siguiendo para dispararme por la espalda; ni en mis mejores amigos confiaba.

Finalmente decidí irme a casa, pero con todo eso no podía dormir. Aún podía oír las voces en mi mente diciéndome, "Sólo encontrarás la paz matando a esas diecisiete personas y luego matándote a ti mismo." Eso me ocurría todas las noches, así que tomaba más valium, al igual que varias cervezas y finalmente me quedaba dormido. Pensaba que la única manera que podía alcanzar la paz era estando borracho ó endrogado.

La mañana siguiente me preparé para ir a trabajar fumándome dos cigarrillos de marihuana. Durante el camino hacia el trabajo recogí a mis amigos Bill y Bob, fumamos más marihuana y ellos hablaron sobre las cosas que hicieron durante el fin de semana, yo sólo les escuchaba. Como llegamos temprano a la fábrica nos fuimos a comprar café y donas a una cafetería rodante. Después de eso, fumamos más marihuana, entonces Bob y Bill entraron a la fábrica. Quedándome atrás preparé unos cigarrillos más con la poca marihuana que me quedaba.

Mientras abría la puerta para entrar, una sombra negra pasó delante de mí. Yo me eché hacia atrás asombrado y me pregunté, "¿Qué fue eso?" No le di mucha atención pensando que era por no haber dormido lo suficiente la noche anterior ó que era una reacción de la droga. Ponché mi tarjeta y me fui a mi área de trabajo. Mientras trabajaba pensaba en Carmen, sabía que no íbamos a durar juntos por mucho tiempo. Las cosas no estaban bien entre nosotros. Para ese entonces ella tenía veinte años y yo tenía casi veintidós. Ella estaba pasando por una situación muy difícil debido a que sus padres no querían que ella se estuviera viendo conmigo. Eso realmente me tenía tan airado que yo no quería tratar con ellos.

Mientras trabajaba, ví como la sombra negra me pasaba por mi lado nuevamente y comenzó a atormentarme. Me gritaba al oído, "Mata a esa gente y quítate la vida tú también." Una y otra vez me repetía eso. Cuando la sombra negra vino por tercera vez para atormentarme, ví un hombre vestido con una túnica blanca que se le echo detrás a la sombra. Su túnica resplandecía como luz fluorescente y una paz me invadió cuando me pasó por el lado. Claro, yo pensaba que todo esto era una reacción de la droga que había tomado esa mañana.

Nuevamente sentía que comenzaba una batalla en mi vida. Veía al hombre con una túnica blanca corriendo detrás de la sombra negra. Esto me ocurrió durante todo el día. Mientras más veía a la sombra negra, menos paz sentía; pero mientras más veía al hombre con su túnica blanca pasarme por el lado, mayor era la paz que venía sobre mí.

Le dije a mi supervisor lo que me estaba ocurriendo y que tal vez tenía problemas con la vista por todas las sombras negras y blancas que estaba viendo. Le informé que no estaba alucinando por alguna droga sino que necesitaba ir a un doctor para que me examinara la vista. Así que hice una cita para ir al doctor en la tarde siguiente.

La mañana siguiente fui a trabajar, pero la batalla continuaba. Yo no entendía en ese entonces lo que me estaba pasando, pero hoy sé que era una verdadera batalla por mi vida.

Capítulo 17

EL HOMBRE EN LA NUBE

Fui al Scheie Eye Institute en la calle Cuarenta y Market. Cuándo llegué a mi cita el doctor de raza china me vio y me preguntó, "¿Cuál es tú problema?" Le relaté lo que me estaba pasando en los últimos dos días. Le dije que había visto una sombra que me atormenta pasándome por el lado y entonces veía una blanca que la perseguía alejándola de mí y a su vez me dejaba una gran paz. El doctor examinó mis ojos y me dijo que no había nada mal en ellos, que estaban muy bien. Luego me dijo que las sombras negras y blancas que yo veía eran escarabajos en el aire. Le dije que no se parecían a escarabajos. Me habían echado unas gotas en los ojos por lo cuál se me hacía difícil el que pudiera ver bien claro. Como no podía ver bien para manejar y llegar al trabajo, me fui a casa por el resto del día.

Durante el siguiente mes la batalla continuó en mi vida. Estaba tan atormentado por esta sombra negra que hasta choqué mi carro. El enojo y la frustración causaron que yo intentara meter mi carro entre una pared y un camión. No me había percatado que había un tubo que sobresalía del pavimento y me accidenté con el.

Continué yendo al vecindario en la calle Cuatro e Indiana, siempre con mi revólver a mi alcance. Por dos ocasiones quise dispararles a unas personas que estaban al otro lado de la calle sin razón alguna. Los ví riéndose y pensé que se estaban burlando de mí. Uno de ellos me debía dinero y pensé que se reía porque pensaba que se estaba aprovechando de mi. Algunos de los muchachos del vecindario me querían pero otros no. Otros me querían a su alrededor sólo cuando querían que los librara de problemas.

Yo tenía un sinnúmero de dificultades emocionales; pensaba que todos estaban tratando de tomar ventaja sobre mí. Todos los días iba al vecindario con ese pensamiento. Un día crucé la calle para dispararle al muchacho que estaba riéndose. Saqué el revólver, pero en ese momento como que algo se desprendió de mí y de repente volví en sí. Yo pensaba, ¿Qué ha ocurrido aquí? ¿Por qué está el revólver en mi mano? y lo devolví a mi bolsillo.

La Presión Incrementa

De vez en cuando yo le decía a Carmen lo que me estaba ocurriendo y ella me preguntaba si estaba yendo a la iglesia. Le contesté que no y ella me dijo que si quería ella podía ir conmigo. Yo le dije que si realmente había un Dios, él tenía que ayudarme. No sé lo que está ocurriendo en mi vida. Si Dios no me ayuda pronto, presiento que voy a quitarle la vida a mucha gente, incluyendo la mía.

"Joey, yo iré contigo a la iglesia el domingo y luego de ahí podemos salir," me dijo.

Llegó el domingo y fuimos a la iglesia Católica. El sacerdote habló en un lenguaje que jamás había escuchado. No sentía paz alguna. Finalmente le dije a Carmen quería irme, que todo lo que estaba escuchabdo era terrible y no tenía sentido. Una vez que salimos comencé a gritarle y a decirle que ella no servía para nada, que ella debería dejarme quieto ya. A pesar de que yo insistía en que no la quería más, ella seguía conmigo.

Luego que Carmen logró calmarme, nos fuimos a un parque cercano en la calle Treinta y tres y Lehigh. Lo único que quería hacer era llorar y abrirle mi corazón a Carmen para decirle todos mis problemas. Quería decirle lo que realmente sentía por dentro. Sólo quería morir. No había razón por la cuál seguir viviendo. Mi dolor era demasiado grande y mis heridas demasiadas profundas. Ya no quería vivir. Ya no podía enfrentar la realidad. A veces no quería ni estar cerca de Carmen porque para mí, ella era demasiada limpia e inocente. Aún cuando me mantenía limpio físicamente, por dentro me sentía sucio. Por eso con frecuencia le decía que se buscara a otro. Ella no me necesitaba y sería mejor si se olvidaba de mí. Me sentía como un fracasado; pues eso fue lo que siempre había escuchado durante toda mi vida. Carmen era la única persona que me daba esperanza.

Luego de un rato la llevé a su casa y ella me preguntó si la iba a llamar. Le dije que la llamaría desde el trabajo al día siguiente. Pero no la llamé. Quería estar solo para pensar acerca de lo que iba a hacer. Yo sabía que no podía serle fiel. Cada vez que estaba con otra, me sentía muy sucio por lo que le estaba haciendo a ella. A veces intentaba convencerme de que podía vivir de esta manera, con la esperanza de que algún dia, mi infidelidad se detendría cuando Carmen y yo finalmente nos casáramos. Esa era la mentalidad que tenía pero aún con todo eso, para mí era realmente difícil creerlo. Tenía temor de que si me casaba con ella la mataría por mi manera de pensar. Tenía un temperamento terrible y reconocía cuan peligroso podría ser en ocasiones.

Aún viendo las sombras, mis batallas continuaron sin cesar. Con frecuencia mientras manejaba mi carro, volteaba la cabeza con rapidez hacia atrás porque sentía que alguien estaba sentado en la parte trasera del carro. Ocasionalmente, cuando iba abrir la puerta de mi carro, podía ver una sombra parada al frente de la puerta, luego la veía salir corriendo. Se aparecía la sombra blanca y nuevamente una tremenda paz volvía a mi vida.

En el trabajo le dije a John lo que me estaba ocurriendo. Le decía que unos meses atrás estaba trabajando y sin razón alguna comencé a llorar. "Te voy a decir algo y quiero que me escuches bien," le dije. "Escucha lo que te estoy diciendo, pero no me prediques acerca de Dios porque no lo quiero oír. Ya te dije que no creo en Dios." Y continué, "no se porque razón estaba llorando ese día, pero venía de lo más profundo de mi corazón. Me vino al pensamiento matar a varias personas y luego quitarme la vida. Desde entonces he estado pensando en eso. Luego escuché una voz llamarme tres veces por mi nombre y me mostró porque nunca me apuñalaron, ni me dispararon ó me mataron. Desde entonces, cosas extrañas comenzaron a ocurrirme."

Mientras le narraba eso a John, él me decía que sentía la presencia de Dios, a lo cuál le dije que no quería escuchar nada acerca de Dios. Continué diciéndole, "Desde ese entonces veía una sombra negra que me atormentaba mientras me pasaba por el lado. Después veía que una sombra blanca la seguía y la hacía huir. No sabía si esa sombra blanca era un espíritu ó no."

Emocionado John dijo, "Joe, no hay nada mal contigo. Dios te está mostrando contra que vas a pelear en el futuro."

"Pelear, ¿Contra qué?" Le respondí con perplejidad. "Ni siquiera puedo agarrar esa cosa." "No es con tus manos que vas agarrar a esa cosa, Joe," me explicó John. "No será con tus manos que vas a pelear contra ello. Debes nacer de nuevo, aceptando a Jesucristo como tú Salvador y Señor. Tienes que ponerte toda la armadura de Dios y aprender de Él y Él peleara la batalla por ti. Él te enseñará a pelear contra el diablo. Lo que estás viendo es una batalla espiritual. Dios esta peleando por tú alma Joe."

"Cállate. Té dije que no quería oír nada acerca de Dios. Té dije que no me predicaras." Estaba muy enojado con él pero continué, "Vine para pedirte un consejo y ahora estas tratando de predicarme." "Joe," me dijo, "estoy orando por ti todos los días. Dios me mostró que Él té está llamando. Él tiene un plan para tú vida."

Le dije a John que se fuera del frente mío. Es más le dije, que la próxima vez que viniera a hablarme de ese Jesús ó siquiera mencionarme su nombre le iba disparar en ese mismo lugar. Me dijo que Jesús me amaba y se alejó caminado.

Regresé a mi área de trabajo y comencé a clasificar las pompas de agua y los cloches. Nosotros éramos los que clasificábamos todas las partes del motor, tanto las viejas como las nuevas. Ese día hubo unos cloches que habían sido enviados de una fábrica que había cerrado por falta de negocio. Los había removido de sus cajas, los organicé y luego los puse en las cajas de Cardos. De vez en cuando, Cozzy pasaba por mi lado muy alegre y de buen espíritu. Él siempre me decía que yo estaba haciendo un buen trabajo. Siempre me decía que desearía tener diez a veinte hombres como yo.

Mientras estaba organizando esos cloches, escuché esas voces de nuevo en mi mente. Me decían suavemente, "Mata a esa gente y hazlo hoy mismo; sí lo haces encontrarás paz." Las voces continuaban repitiéndose como si fueran un eco. Yo intentaba rechazar esos pensamientos pero regresaban aún más fuertes. También pensaba en lo que John me había dicho concerniente a que Dios me estaba llamando y que Él pelearía por mí.

Recuerdo todas las veces que Cozzy se sentaba conmigo y compartía las historias de cuando él estuvo con la mafia. Cozzy no sabía que cada vez que se sentaba hablar conmigo yo lo veía como a un padre. Él me mostraba amor, siempre me compraba café y donas para el desayuno. Al principio yo las botaba enojado, pero después a la manera en que él continuaba trayéndolas, lo recibía con gozo y escuchaba lo que él tenía que decir.

A veces él me traía torta que su esposa había horneado, las cuales eran deliciosas. Ocasionalmente, me desahogaba con Cozzy y le contaba mis problemas y aún cuando no mencionara nada acerca de Jesús, me daba consejos usando los versos de la Biblia, sin dejarme saber lo que él estaba haciendo. Como yo no sabía nada acerca de la

Biblia, ó lo que decía, Cozzy hacía que se escuchara como que eran palabras de él y al parecer era como si un consejero profesional me estuviera orientando.

Sin que me diera cuenta, Cozzy estaba sembrando la palabra de Dios en mi corazón. Ya mi corazón se estaba suavizando. Cada día lo escuchaba más y más. Le contaba sobre el problema que estaba teniendo con la familia de Carmen. Él me respondió contándome sobre todas las cosas por las cuales él había pasado cuando vivió esa vida miserable y por el infierno que hizo pasar a su esposa. Cada vez que hablaba con él sentía una paz, me sentía bien por dentro y quería quedarme allí escuchando todo los consejos que me pudiera dar.

De todos modos, mientras clasificaba los cloches, las voces continuaban agravándome y me atormentaban mientras decían que me matara ese día. Toda esta experiencia era tan diabólica que hasta comenzaron a darme dolores de migraña. Yo estaba tan frustrado y mi mente estaba tan acosada de escuchar esas voces, que comencé agarrar los cloches y lanzarlos contra la pared. Yo maldecía en voz baja porque no quería que los demás trabajadores se dieran cuenta de lo que me estaba ocurriendo mientras intentaba deshacerme de mi frustración y lo que sentía.

Mientras lanzaba los cloches contra la pared de repente mi cuerpo comenzó a temblar de nuevo. Agarré el sexto cloche para tirarlo y no pude creer lo que estaba parado frente a mí. Como algunos diez pies de distancia había un hombre con una túnica blanca. Esta resplandecía como cuando el sol resplandece sobre la nieve blanca. Sus pies eran del mismo color. Una nube le cubría desde su rostro hasta el pecho.

Cuando lo ví, puse el cloche en el suelo y me eché hacia atrás, "¿Qué es eso?" me preguntaba mientras miraba a ese hombre. Él levantó su mano derecha señalándome con ella. Comenzó a hablar. Su voz salía de la nube. Cuando hablaba era como un estruendo, fue como la voz que me había hablado anteriormente llamándome por mi nombre tres veces. Y me dijo, "Hijo mío, no eres tú el que piensa así, sino el diablo que té pasó por el lado." En cuanto él dijo eso, rápidamente me giré pensando, "Sé que estoy viendo cosas. Esto no me está ocurriendo." Yo estaba aterrorizado por lo que estaba viendo y dije, "Sé que cuando vuelva a girarme no va a estar ahí." Pero cuando me giré y abrí los ojos, él estaba aún parado allí. Él señaló y me habló una vez más a través de la nube, mi cuerpo temblaba aún más.

"Hijo mío, té conozco desde el vientre de tú madre. He estado contigo todos los días de tú vida. Yo soy el que estoy peleando esta batalla por ti, porque té amo y té voy a usar para mi gloria." Cuando Él dijo eso, se me desapareció del frente.

Estaba terriblemente confundido. Aún no podía creer lo que había visto. Pensé, "Nadie me va a creer esto." Fui al baño para cambiarme de ropa antes de irme a casa. En ese momento Benny entró al baño y le dije, "Dile a Cozzy que no me estoy sintiendo bien y me voy para mi casa. Benny se dio cuenta que yo estaba muy confuso y agitado. Él me dijo que se lo debía decir a Cozzy yo mismo, pero le pedí que me hiciera el favor. Cuando Cozzy se enteró, ya yo me había ido.

Maneje por la ruta I-95 sur para llegar a casa, pero estaba tan molesto que manejaba como un loco. Eran las once de la mañana cuando finalmente llegué a casa, y mi madre me preguntó, "¿Qué te ocurre? ¿Por qué has llegado tan temprano a casa?" Añadió, "...a la verdad que no te ves nada de bien."

Aún agitado le contesté, "No sé como te voy a decir esto y se que nadie me lo va a creer, Mami. Un hombre vestido con una túnica blanca se me apareció hoy en el trabajo. Me dijo que todos los pensamientos malos que yo tenía no eran míos sino que eran del diablo que pasaba por mí lado. Yo estaba pensando en matar algunas personas Mami y luego quitarme la vida. Me sentía como si estuviera perdiendo la mente. Pero cuando ese hombre se apareció, vino una gran paz sobre mí quitándome todos esos pensamientos malos que tenía. Luego me dijo que me conocía aún cuando yo estaba en tú vientre; cuando era sólo un pequeño bebé. Me dijo que Él tenía planes para mi vida y que quería usarme. Eso fue lo que Él me dijo, pero no sé quién era ese hombre." Mi madre se emocionó y exclamó, "Oh, Joey, ese es el cacique de los indios. Tú vistes al cacique de todos los indios. Eres bendecido porque tienes al cacique de todos los indios contigo."

Cuando escuché eso dije, "Esta mujer verdaderamente está perdiendo la mente. Ella está realmente loca. Cree en esas cosas de los indios." Luego le dije, "Mami, todas estas cosas de los indios, ¿De verdad que tú crees en esos indios?" Ella me dijo, "Escúchame Joey, si tú no quieres creer en ellos entonces el que está loco eres tú. No me digas más de esas cosas que tú estas viendo."

Como ese día llegué temprano a mi casa, llamé a Carmen y le conté sobre el hombre que se me apareció y todas las cosas que Él me había dicho. "Carmen, eso parece como locura pero yo sé lo que ví y sé que la gente va a creer que me estoy inventado todo esto. Van a pensar que he perdido la mente pero no es así, no estoy loco.

He estado en hospitales de salud mental anteriormente y no estaba loco. Siempre he sabido exactamente lo que estuve haciendo, lo que no sabía era el porqué lo hacía. Aún no sé si lo que estoy viendo es real. Veo esas sombras negras pasarme por el lado y me atormentan. Luego veo a un hombre en túnica blanca persiguiéndola para alejarla de mí. Hoy ví a ese hombre pararse frente a mí pero no pude ver su rostro porque una nube lo cubría."

Capítulo 18

SINO ME SALVO

Después que le dije a Carmen todo lo que me había ocurrido, ella me dijo, "Joey, yo creo en mi corazón que Dios realmente té está llamando. Tal vez Él si tenga un plan para tú vida y tú estas siendo terco. Tú no quieres escuchar, ni quieres rendirte."

"¿Cómo puedo confiar en Dios cuando ni siquiera creo en Él? ¿Cómo puedes decirme acerca del diablo cuando tampoco creo en él?"

Carmen no se retractaba. "El diablo es real. Cuando estaba en la iglesia se me enseñó acerca de él y las cosas malvadas que él le hace a la gente."

"Oh, no me digas que té estás poniendo religiosa también," dije con menosprecio. "Ya he ido dos veces contigo a la iglesia y nada a cambiado, todo sigue igual."

Luego me dijo que no me podía dar por vencido. A lo que le respondí, "No tengo interés acerca de esto. Voy a seguir viviendo como hasta ahora lo he estado haciendo," y cambié el tema.

Frecuentemente Carmen escuchaba más de lo que hablaba. Pero cuando hablaba sus palabras eran de motivación. Me decía que siguiera luchando, que siguiera hacia delante, que yo podía cambiar. Luego de haber hablado con ella me fui al vecindario. Continué fiestando, endrogándome y viviendo una vida desenfrenada; aún cuando la batalla todavia seguía dentro de mí. No le conté a ninguno de mis amigos lo que me estaba ocurriendo. Cuando iba a la taberna todos mis amigos estaban esperándome para que les diera algo con que endrogarse.

Problemas Con Mi Novia

Pasaron de cuatro a cinco semanas después de haber tenido mi experiencia en el trabajo. De algún modo, todo se había calmado pero me daba miedo de ir al trabajo. Parecía que cada vez que iba al trabajo me confundía, me frustraba y me enojaba más. Me daba cuenta que cuando estaba en la calle nada de eso me acontecía.

Hoy, como cristiano y ministro de la palabra de Dios, entiendo cuán importante era que esos doce cristianos perseveraran en la oración. Ellos tenían las llaves del cielo. Mientras yo los perseguía, ellos seguían fieles a su Dios y a sus creencias. Nunca dejaron de orar por mí. Es más, en Cardos emplearon a Juan Cruz. Él era uno de los cabecillas que se endrogaban en las casas abandonadas y había hecho amistad conmigo. Los otros cristianos, John Gallashore, Juan López y Benny Holland nunca pudieron acercarse a mí de esa manera. Sólo Cozzy podía acercarse a mí pero aún con todo eso yo levantaba una pared.

Cuando ví a Juan Cruz, me di cuenta que no tenía el aspecto de haber usado droga, por tanto le pregunté cómo estaba. A lo cuál me respondió que bien.

Luego ví una Biblia en sus manos, y le pregunté, "¿Tú también eres un religioso?"

Cuando me dijo que si lo era, yo dije, "Realmente tiene que haber un Dios si tú tambien té hiciste un religioso."

Vuelvo y le pregunto, "¿Realmente Dios té está ayudando?" "Si, y Joey, no importa lo que tú me digas, yo sé que tú no tienes paz. He estado aquí velándote por tres días y té ves miserable, no eres feliz. Los otros días té vi con tú novia y conozco a su familia, ella es una joven muy decente."

Comencé a compartir con él los problemas que estaba teniendo con la familia de Carmen. "¿Cómo esperas tú que ellos té quieran y té acepten Joey? Mira la vida que tú estas viviendo. Tal vez si té salieras de esa vida tan enredada en la cuál té encuentras quizas les agrades."

Yo le dije que había intentado salir de ella y aún intenté cambiar para que su familia me aceptara pero con todo eso ellos me rechazaron. Le conté que cuando yo tenía diecisiete años estábamos en una pelea de pandilla frente a su casa en las calles Cinco y Clearfield. Mientras venía la pandilla por la cuadra, estaba escondido detrás de la iglesia. Cuando se acercaron a donde estaba, salí con la escopeta, comencé a disparar y su familia me vio. Quizás por eso es que no me quieren.

Juan me dijo, "¿Cómo quieres que té quieran Joey? Si té vieron disparando a la gente para matarlas?"

Le comenté que eso fue para ese entonces y que ahora tenía veintidós años y ya no era así. "Ya no tengo que matar más. Si quisiera, podía mandar a matar a la gente por mí."

Juan comenzó a mover la cabeza de lado a lado diciéndome, "Joey, tú necesitas a Jesús. Él fue el único que pudo darme esperanza y paz en mi vida." Entonces comenzó a decirme cómo fue que se hizo cristiano y cuanto tiempo llevaba libre de las drogas y lo que Dios estaba haciendo por él ahora. Él seguía usando la palabra "bendecido." Él me dijó como era que Dios lo estaba bendiciendo, pero yo no entendía lo que él quería decir con eso.

Juan no tenía carro así que todos los días yo lo llevaba a la casa después del trabajo. De vez en cuando él también tiraba una semilla de la palabra de Dios en mi corazón. Muchas veces le hablaba con palabras obscenas y le decía que no quería saber acerca de Jesús. Una vez le dije, "Si quieres que té lleve a tú casa no me digas nada acerca de Dios, no quiero escucharlo."

Un día cuando fui a visitar a Carmen a su casa, me di cuenta que las cosas entre nosotros estaban empeorando. Las pocas veces que fui a su casa, su mamá me rechazaba.

Cuando veía que yo estacionaba el carro, se metía dentro de la casa muy molesta y enojada. El papá de Carmen me trataba mejor. Cuando le hablaba me respondía y me hablaba un rato.

De todos modos no culpaba a la mamá de Carmen por la manera en que me trataba, aún cuando me dolía. Carmen me había confesado que su mamá le dijo que para lo único que yo la quería era para el sexo. Al principio eso era verdad, pero yo estaba intentando cambiar. Realmente estaba tratando. La mamá de Carmen realmente la amaba y no quería que sufriera con un hombre como yo. Cualquier madre que aceptara a un hombre como yo para su hija, tenía que ser una necia. Y la madre de Carmen no era una necia.

Le pregunté a Carmen, "¿Tú en realidad me conoces?"

Ella me dijo, "Sí."

Y le pregunté, "¿Me amas?"

"Sí," dijo.

Le dije que yo la amaba también, pero entre más crecía ese amor por ella, peor persona era y menos paz tenía. Pensé que jamás sería un hombre bueno para ella ó que pudiera serle fiel. "Carmen, pienso que nunca podré cambiar. Debes tomar el consejo de tú mamá y olvidarte de mí. Sé que esto no va a ser fácil, pero lo hago por tú propio bien."

Carmen me miró con lágrimas en sus ojos y preguntó, "¿Qué quieres decir con eso? Eso no es lo que yo quiero. No me importa lo que digan mis padres."

"Escúchame Carmen, té he dicho que no creo que pueda serte fiel. ¿Para qué quieres estar con un hombre que té va hacer sufrir? Eso sería exactamente lo que yo haría. Si crees que estás sufriendo ahora, ten por seguro que si nos casamos ó nos escapamos vas a sufrir aun más. Pasarás por un infierno porque yo estoy en un infierno. Si hay un Dios, tal vez algún día yo cambie, pero por ahora, no creo estar preparado. Espero me recuerdes por los tiempos buenos que tuvimos y no por los malos que té di ó ni siquiera por el tipo de persona que he sido. Desde hoy me voy y no regresaré." Dije todo esto pero no salía de mi corazón. Estaba llorando por dentro. Lo que estaba diciendo me dolía. Ella había puesto tanta esperanza y fe en mí diciéndome que yo podía hacer algo mejor con mi vida. "Cuando me veas Carmen, haz como que nunca me hubieras conocido." Le dije que no tenía a nadie más, que ella era la única. Yo estaba haciendo esto por ella y por sus padres. Y me alejé de ella. Cada vez que estaba alrededor de ella, me sentía sucio y miserable. No quería hacerla pasar por la misma miseria.

Cuando me marché ese día, me dirigí al parque de Huntingdon, en la calle Cuatro y Lehigh. Wandy había estado conmigo mientras yo hablaba con Carmen, pero no había escuchado nada de lo que le había dicho. Mientras me alejé en mi carro, ella me preguntó si algo estaba pasando. Yo me sonreí porque pensé que ella era demasiada pequeña para entender estas cosas. De todos modos le dije que desde ese instante ya Carmen no sería más mi novia. Le dije que me iba a mantener lejos de ella por unas semanas para pensar y decidir que hacer. Solo me quedé sentado allí por un momento.

Luego le di a Wandy dinero para que fuera al restaurante Churchs Chicken y se comprara un refresco. Cuándo regresó me preguntó el por qué me había dejado de Carmen. Le contesté, "Yo no soy bueno para ella. Si me caso con ella la metería en un infierno. No se si en realidad quiero casarme ó no, pues no tengo paz y vivo atormentado en las noches. Yo no estoy feliz conmigo mismo. Es más, hasta me aborrezco a mí mismo. ¿De qué manera podría amarla si no me puedo amar a mí mismo?"

Wandy me contestó, "Joey, ni siquiera té diste una oportunidad. Sé que ella realmente té quiere porque se pasa hablando siempre de ti."

Le dije a Wandy que tal vez algún día Carmen y yo volvamos a unirnos pero por ahora necesitábamos tiempo para pensar sobre todo esto.

Pasaron dos semanas, así que decidí llamar a Carmen. Quería saber cómo le iban las cosas. Ella solo escuchó todo lo que yo estaba hablando ya que era excelente escuchando. Comencé a decirle que estaba viendo a otras muchachas, pero eran puras mentiras. Sólo quería matar el amor que ella tenía en su corazón diciéndole cosas como esas. Mientras más mentiras le decía, más confundido me sentía.

Después que pasaron tres semanas, me sentía terriblemente triste por dentro. Lloraba, más sin embargo, estaba muy enojado por dentro y comencé a perder la esperanza que tenía en que podía cambiar.

"Sí Vas a la Campaña"

Un día en el trabajo, me encontré con lágrimas en mis ojos. Estaba organizando las pompas de aluminio de carro, mientras tanto pensaba si realmente Dios me podía cambiar. ¿Habrá un Dios en el cielo que me pueda dar paz? ¿Fue realmente Dios quién me había hablado? Seguí pensando que nadie me puede cambiar, ni siquiera Carmen.

En esos mismos instantes venía Juan Cruz corriendo por el pasillo mencionando mi nombre. Cuando miré hacia él, parecía que también tenía una nube que lo cubría. Al alcanzarme dijo, "Joey, Dios té está llamando. Vas hacer un buen cristiano. Dios té va a usar para traer a miles de almas a sus pies."

Agarré a Juan y lo pegué contra la pared preguntándole, "¿Cómo sabes tú lo que estoy pensando? Nadie puede saber eso." Pero estaba aun siendo impactado por lo que él me había dicho. "Joey, no sé pero Dios habló a mi corazón diciéndome que té lo dijera," y luego se alejó.

Una vez más comencé a pensar en Carmen. Tal vez ella pueda ser la muchacha para mí ó tal vez no lo sea. A lo mejor Dios la puso ahí para ayudarme y luego haya alguna otra para mí en el futuro.

Escuché a Juan que venía una vez más por el pasillo llamando mi nombre. Al acercarse algunos siete pies me dijo, "Joey, el día que tú le rindas tú vida al Señor, Dios tiene para ti una mujer. Dios ya tiene una esposa para ti y Él tiene a esa mujer en sus manos. Dios me dijo que te dijera que Él tiene tú futuro en sus manos."

Una vez más lo pegué contra la pared, "¿Cómo sabes tú lo que estoy pensando otra vez? En estos instantes estaba pensando en Carmen; pensando sí ella sería la mujer para mí ó no y tú vienes a decirme eso." Nuevamente Juan me dijo que él no lo sabía, y se volvió a alejar. Dos veces más en ese día me dijo exactamente lo que yo estaba pensando. Yo me confundí aún más.

Durante el almuerzo, Cozzy compartió aún más conmigo acerca de Dios y como fue que Él lo había salvado, llamado, libertado y usado para hablarles a otras personas. Cozzy me dijo que yo podía estar haciendo lo mismo si sólo rendía mi vida a Dios. En este punto de mi vida lo escuchaba más, pues yo había llegado al final y ya no había ninguna esperanza para mí.

Después del almuerzo estaba trabajando cuando Juan me llamó otra vez diciéndome, "Joey, si vas a la campaña de avivamiento vas a recibir a Jesucristo como tú Señor y Salvador. Él té va a hacer libre."

Me enojé tanto cuando escuché esa palabra 'libre' que le dije, "Yo soy libre. No estoy en prisión, así que, ¿De qué estás hablando tú?"

"No Joey, tú no eres libre. Tú estás atado por el maligno. Estas atado por el pecado. Estás atado por los placeres de este mundo y Jesucristo quiere libertarte. Si vas a la campaña, tú vas a recibir a Dios."

Lo agarré y le dije, "Si voy a esa campaña y no recibo a Dios, te voy a matar a ti, al igual que a todos los demás cristianos que están en esta compañía. Ya estoy cansado de todo este asunto de Cristo."

"No, Joey, tú no vas a matar a nadie porque tú vas a recibir a Jesús."

Miré la hoja suelta que me había dado. Se trataba de la hija de un evangelista muy conocido en Puerto Rico, Yiye Ávila. Ella estaba promoviendo su cruzada en Filadelfia por lo cuál las iglesias locales estaban llevando acabo actividades de avivamientos con ella. Yo no sabía de qué se trataba todo esto. Observé una foto en la hoja suelta donde una mujer tenía su brazo alrededor de una muchacha mientras con la otra mano sujetaba un micrófono.

Le pregunté a Juan si él me estaba enviando a una discoteca. Le dije que ya tenía demasiados problemas en esos momentos y que no necesitaba ir a una fiesta.

Juan me dijo, "No, Joey. Ella es Noemí Ávila, la hija de Yiye Ávila. Ella es la que va a estar predicando esa noche. Ella ha ayunado cuarenta días y cuarenta noches y Dios la está usando en sanidades y liberaciones. Si tú vas a la campaña vas a recibir al Señor."

Me enojé mucho con él y nuevamente le dije palabras obscenas y que se alejara de mí. "Sólo recuerda lo que té dije. Si yo voy a ese lugar y no recibo a Dios, té voy a matar a ti al igual que a los demás cristianos de aquí."

Después que Juan me dijo acerca de la campaña, me dije a mí mismo, "Bueno, yo he probado todo y nada me a funcionado, por qué no intentar con Dios."

Luego de salir del trabajo me dirigí directo a mi casa, me bañé y me cambié de ropa. Le pregunté a mi hermana Wandy si quería ir conmigo a la campaña. Ella estuvo de acuerdo y me acompañó. Nos fuimos andando y cuando llegué al lugar, no entendía nada de lo que estaba diciendo la mujer que hablaba. Sólo sé que estaba lloviendo como loco.

Llovía tanto que aún teniendo sombrilla nos mojamos bastante. Parecía como si los relámpagos estuvieran cayendo al frente mío, como para impedir que yo estuviera allí. Me quedé como por algunos quince minutos, mientras tanto Wandy se me había perdido entre la multitud. Luego de un rato salí de allí diciendo que Dios no era real. Eso fue el día 6 de junio del 1979. Yo estaba tan frustrado que comencé a pensar seriamente en matar a todos los cristianos que había en el trabajo.

Mientras me alejaba, Wandy me llamó y ví a Carmen junto a su mamá. Su mamá se le acercó y le hizo señas como queriéndole decir, él necesita estar aquí, pero se ha ido.

Cuando llegué al trabajo le dije a Juan que jamás me volviera a invitar a otra campaña, que si lo hacía lo iba a matar.

"Joey," me dijo, "No te puedes dar por vencido."

Yo le tenía gran respeto a Juan Cruz porque él era del vecindario. Me dijo, "Joey, vuelve hoy nuevamente."

Le dije, "Iré, pero recuerda que sino recibo a Dios, tú y el resto de los cristianos aquí son carne de cañón."

Ese día, 7 de junio del 1979, mientras regresaba a casa del trabajo pensé, "Sino me salvo hoy, éste será el día en que yo mate a las diecisiete personas." Ya había planificado cómo era que lo iba a llevar acabo acercándomeles y matándolos. Yo sacaría a algunos de sus casas pidiéndole que se encontraran conmigo en algún lugar, luego los mataría. Iba a ir a la casa de Carmen después de las cinco de la tarde, la mataba y luego mataba a sus padres. Antes de la media noche pasaría al vecindario, recogía el dinero que me debían mis vendedores de drogas, llevaba el dinero a casa y dejaba una nota declarando a quién le iba a pertenecer. Luego me iba a ir al sur de Filadelfia, buscaba el contrato para matar a las cuatro personas, cobraba los cuarenta mil dólares y se los entregaba a mis hermanos y hermanas.

Después de eso iría a la Estación del Distrito Veinticinco de la policía con dos armas automáticas y comenzaría a dispararle a los policías y detectives que me habían dado la paliza y me rompieron mi nariz. Yo sabía que ellos me iban a disparar de vuelta y así moriría. Al día siguiente estaría en los periódicos y todo el mundo leería acerca de mí hazaña, si Dios no me salva esa noche. Los periódicos dirían, "Hombre joven ex-líder y pandillero, vendedor de drogas, asesinó a diecisiete personas y luego murió en un tiroteo con la policía." ¿Quién sabe? Tal vez hasta una película hagan de mi vida.

Cuando llegué a casa del trabajo, entré por la puerta y ví a mi madre sentada en la cocina con mis hermanas Vivian, Wandy y mi hermano Willie. Miré a mi madre y le dije, "Sabes qué Mami, hoy me voy a salvar."

Ella se río diciendo en forma jocosa, "Realmente tú necesitas ser salvado porque estás perdiendo la mente de todos modos."

Subía hacia mi habitación y mientras caminaba la escuché decir, "Joey está perdiendo la mente. Estaba hablando los otros días de una voz que lo llamó tres veces por su nombre. Está diciendo que un hombre vestido con una túnica blanca se le apareció. A la verdad que no sé que clase de drogas está usando. Me paso diciéndole que vaya a ver a un siquiatra, pero él no quiere ir. Ahora se pasa diciendo que va a matar a diecisiete personas incluyéndose a él. Ese muchacho está loco, sé que él lo haría pero…, ¿Qué puedo hacer? Hasta yo estoy perdiendo la mente pensando en eso. Ya no tengo paz en la noche cuando me acuesto pensando acerca de lo que él puede hacer."

La escuché decir todo eso y me fui a bañar. Me vestí diciendo, "Si no me salvo, hoy es el día." Ya tenía mi rifle y revólver listo.

Capítulo 19

YA NO SOY HIJO DEL DIABLO

Tenía en mis bolsillos droga que estaba planificando vender. Me vestí muy bien ese día. Estaba vestido con unos pantalones mahones hechos por mi sastre, calzaba unos zapatos que me costaron $150.00 y una camisa de marca de diseñador. No obstante a todo esto, me sentía sucio y como trapo de inmundicia por dentro. Mientras me preparaba para salir de mi habitación me detuve y fui hacia la ventana. Abriéndola le dije a Dios, "Voy a ir a la campaña y si Tú eres real, quiero que digas esto y no me importa como lo digas, *'Esta noche hay un joven aquí que tiene una buena bendición de Dios y ese joven se llama José.'* Si Tú dices esto Dios, ni lluvia, ni nieve, ni fuego, ni diablo ó demonio me va a impedir que yo té reciba esta noche."

Mientras decía estas cosas, escuche a mi madre abajo decirle a mi hermana, "Té lo dije, ese muchacho esta loco. Ahora esta allá arriba llamando a Dios."

Cuando bajé, le dije una vez más que yo me iba a salvar hoy, a lo que ella respondió, "Tú lo que necesitas es ver a un siquiatra. ¿Por qué vas a ir a esa campaña? Ven aquí."

Mientras la miraba, noté una nube oscura que cubría su rostro. Rechacé lo que ella me decía y me fui para la campaña. Aún estaba lloviznando y yo pensaba en lo que Juan me había dicho anteriormente, "Joey, camino a la campaña vas a encontrar tanto muchachos como muchachas ofreciéndote drogas. Algunos aún van a querer distraerte llevándote a sus casas para seducirte. Pero recuerda, todo eso es el diablo para impedir que tú recibas a Dios."

Para ese tiempo yo vivía entre la calle Tres y American, cerca de la calle Westmoreland. Llegué a la calle

Tres y Allegheny donde había una pequeña pescadería. Mientras pasaba por aquella pescadería, pasando por debajo de la vía del tren, había tres muchachas jóvenes endrogándose. En cuanto me vieron, comenzaron a llamarme. No entendía porque hicieron eso pues estas muchachas eran un poco conservadoras. Es más, me odiaban y me tenían miedo. Andando hacia ellas las miraba y me decía a mí mismo, "Estas muchachas nunca me hablan. Me aborrecen y ahora me están preguntando si quiero endrogarme con ellas."

Ellas encendieron dos cigarrillos de marihuana y comenzaron a inhalar de ellos. No podía creer lo que estaba haciendo pero les dije, "¿Saben que? Ustedes pertenecen al diablo. Juan me dijo que esto me iba a ocurrir."

Cuando dije esto ellas se quedaron mirándome como si yo estuviera loco, se voltearon y comenzaron a correr. Escuché a una de ellas decir, "¿Qué fue lo que él dijo? Oye, este esta verdaderamente loco. Está perdiendo la mente. Él dijo algo acerca del diablo."

Mientras tanto, ya había cruzado la avenida Allegheny yendo hacia el sur cerca de la calle Cinco. En un tiempo atrás, hubo una estación de gasolina en esa esquina y yo tome ese atrecho. Escuché un carro que se aproximó chillando gomas. Pensando que era alguien que quería dispararme, intenté sacar un revólver de mi bolsillo, para entonces darme cuenta que no lo tenía conmigo. Cuando miré eran dos muchachos que conocía, Bee y Pete. Estos estaban saliendo del carro y me llamaban "el asesino." Me indicaron que me acercara a ellos. Me acerqué al carro y mientras lo hacia, ví que tenían a tres muchachas sentadas en el asiento trasero.

Una de ellas se sonría insistentemente conmigo y las oía susurrar. En esos momentos pensé que hablaban de mí. Bee continuo hablándome rápidamente, "Vamos Joey, tenemos a tres chicas en el carro y hay solo dos de nosotros, necesitamos a otro muchacho. Vamos para Atlantic City y de ahí salimos para un hotel y tú sabes que vamos a tener una fiesta con estas muchachas. Lo único que vas a necesitar es algo para endrogarte."

Les dije que para ese momento no contaba con mucho dinero encima, pero ellos me dijeron que se encargarían de todo. Mientras ellos hablaban, solo podía oír la voz de Juan diciéndome, "Es el diablo. Es el diablo." Intenté no tomar en cuenta lo que escuchaba. Cuando me disponía abordar el auto, percibí nuevamente la voz, "Es el diablo." Saqué mi pie fuera del carro y pensé, "Espera un minuto. Estos tipos nunca me invitan a que vaya con ellos a ningún lugar. La única vez que me quieren es cuando ellos se meten en problemas con alguien y quieren que yo los saque del problema. Y ahora, de repente, quieren que vaya con ellos cubriendo todos mis gastos."

Les dije, "¿Saben que? Ustedes pertenecen al diablo. Váyanse de aquí." Ellos se miraban entre si tratando de entender lo que estaba ocurriendo; cerraron las puertas del carro y se fueron rápidamente.

Continué caminado por la calle Cinco hacia la campaña. Mientras me acercaba a la calle Clearfield, ví al hermano mayor de Carmen sentado en los escalones del frente de la casa. No nos llevábamos muy bien. A la verdad que los únicos que se llevaban conmigo de la familia de Carmen eran su hermano menor y su hermana pequeña Susie.

Di vuelta a la derecha en Clearfield yendo hacia la calle Seis, por el lado del patio de la escuela, donde se estaba llevando acabo la campaña. Yo tenía un zarcillo en mi oreja izquierda y dos cigarrillos de marihuana incrustados en el pelo. Acaba de afeitarme la barba y me deje una chivita. Llevaba mi abrigo en mi brazo izquierdo y una sombrilla en el derecho.

Lleno de soberbia, caminé hasta el frente. La gente me miraba con asombro como pensando que hacía yo allí. Mientras caminaba, me sentía muy incomodo y sucio. A la medida que la evangelista comenzó a predicar, entendía un poco las cosas que ella decía; especialmente cuando ella hablaba de los asesinos, adictos y vendedores de drogas. Yo no entendía todo, pero capte la idea general del mensaje. En la medida en que ella iba hablando, me sentía más incómodo, sucio y fuera de lugar.

Parado allí con mis brazos cruzados le dije a Dios, "Está bien aquí estoy. Y ahora, ¿Dónde estás Tú?"

De repente, se me acercó una mujer anciana y me preguntó que cómo me sentía. Ella estaba muy gozosa, me abrazo y me dio un beso en la mejilla. Yo pensaba que esta mujer tenía que estar loca por que no sabía quién yo era. Luego otra mujer se acercó y me preguntó también que cómo estaba. Esta también me abrazó y yo pensaba que realmente las dos estaban locas. Estaba seguro que ellas no me conocían y que estaban confundiéndome con otra persona. Después de eso la evangelista dijo algo y toda la multitud comenzó a gritar. Fue como si ella hubiese apretado un botón y todos comenzaron a gritar y a levantar las manos hacia el cielo. Yo pensé que tal vez Jesús había venido. Yo estaba esperando a un hombre que viniera en una túnica blanca y que bajara del cielo en una carreta y la estacionara en la tarima.

No sabiendo lo que había ocurrido, ví a la gente mirar hacia el cielo y pensé que ellos le habían visto descender. Una mujer decía, "Gracias Jesús, gracias Jesús," y le tiraba besos en el aire. Eso sí verdaderamente me trastornó.

Yo me decía, "A la verdad que si mis amigos me ven con estos cristianos van a decir que estoy loco también. Déjame salir de aquí."

Pensé que me podía esconder junto a una de las paredes que había allí. Me paré por un rato mirando a ver si algunos de mis amigos estaban entre la multitud. Había mucha gente esa noche. Ví a una persona que se parecía a Juan Cruz. Mientras me acercaba me di cuenta que realmente era Juan y estaba saludándome. Tal vez él estaba allí para asegurarse que me salvara esa noche. Después de todo, le había dicho que si no me salvaba esa noche, lo iba a matar al igual que a los demás cristianos en el trabajo.

Parado cerca de la pared podía oír un ruido, como si la gente estuviera murmullando. Mirando hacia mi derecha, ví de quince a veinte personas ancianas orando de rodillas sobre aquel suelo de concreto. Ellos estaban orando e intercediendo por la evangelista que estaba predicando esa noche, Noemí Ávila. Mientras escuchaba a esta gente orando, me sentía aún más sucio y más incomodo. Escuchaba voces que decían que me fuera, "Joey, salte de aquí. Dios no es real. Joey, vete ahora mismo. Vete, Joey, ahora. Aléjate, ve y mata a esas diecisiete personas." Esas voces comenzaron a torturarme, quitándome la poca paz que tenía. De repente, grite, "Dios no es real."

Su Nombre Es José

Maldecía, me gire y comencé a caminar, saliéndome de la campaña, empujando a la gente fuera de mi camino. Casi llego al final del patio de la escuela, cuando de momento Noemí Ávila detuvo su mensaje y un silencio cayó sobre todas las personas que estaban allí. Literalmente se podía oír un alfiler caer al suelo.

"Oye, tú joven, detente ahí."

Me detuve al instante y pensé, "¿Estará ella hablando conmigo?"

"Sí, tú." Cuando Noemí Ávila dijo eso, sentí un escalofrió que me bajaba desde la cabeza hasta la punta de los pies. Sentí temor. Luego continuó diciendo, "Esta noche hay aquí un joven con una buena bendición del Señor y ese joven se llama José." Cuando ella dijo eso me giré frente a la multitud y la multitud se giró hacia mí. Nuevamente ella me llamó, "Joven, tú dijiste que si Dios té llamaba de esta manera, ni lluvia, ni nieve, ni fuego, ni diablo ó demonio, té podría detener."

Espera, me dije. Tiene que ser Dios, esa mujer a mi no me conoce. Intenté correr hacia al frente, pero no podía. Intenté nuevamente y tampoco pude. Comenzó una batalla dentro de mí. Si me salvo no podré corretear con mujeres como lo acostumbraba hacer. Tampoco podré vender drogas ni colectar el dinero de las ventas de las drogas. Si me salvo esta noche nadie me va respetar. La gente sabe que no voy a poder dispararle a nadie ó ser violento contra alguien que intente golpearme.

Pero pensé, "Con todo eso, no tengo paz y no soy feliz." Intenté dar un paso hacia al frente pero no pude. Me dije a mi mismo, "Dios ayúdame, sé que eres Tú."

Luego oí una voz como si fuera un pequeño viento. La voz pasaba por mi cuerpo como un eco diciendo, "Ahora, ahora, ahora, ahora." En la manera en que seguía el eco en aumento, sentía una carga que se levantaba de mí y comencé a correr hacia el frente.

Nadie estaba haciendo un llamado al altar, pero de todos modos, yo fui corriendo al frente. Iba corriendo y clamando, "Dios aquí vengo. Dios aquí vengo." Aún tenía la sombrilla en mi mano derecha y mi abrigo en la izquierda mientras corría hacia el altar. La gente se salía del medio. Noemí Ávila me veía corriendo con la sombrilla hacia ella. Al ver esto, ella comenzó a echarse hacia atrás pues pensaba que yo iba a golpearla. Tomé la sombrilla y el abrigo y los tiré al suelo y clame, "Dios aquí estoy. He derramado sangre. He hecho muchas cosas malas. Señor haré lo que tú quieras, solo hazme feliz."

Mi cuerpo comenzó a temblar, lágrimas bajaban por mis mejillas y lloraba como un bebé. Yo dije, "Si quieres predicaré para ti. Haré todo lo que Tú quieras, solo hazme feliz. Libértame esta noche Señor. Sé Tú el Salvador y Señor de mi vida." Cuando dije esto, comencé a sentir un alivio por mi cuerpo. Era como si una corriente estuviera pasando por mis brazos. La misma continuó pasando a través de todo mi cuerpo y por mi rostro. Con frecuencia sentía que había otra persona dentro de mí, pero una vez que la electricidad dio con los dedos de mis pies, mi cuerpo se sacudió y algo oscuro salió de mí. Me sentía totalmente nuevo por dentro - limpio como nunca antes. Cuando llegué a la campaña me sentía tan sucio, pero con todo ese cambio ahora me sentía tan limpio. De repente, comencé a sentir como si mi cuerpo se estuviera quemando. Era como un fuego quemando mi carne pero no me dolía; era algo confortable. Estaba siendo bautizado en el poder y el fuego del Espíritu Santo.

Abriendo mis ojos, me encontré parado frente a tres mil personas. Comencé a pellizcar mis brazos y a mover mi cabeza. Podía ver a la gente a mi lado pero les oía como si estuvieran muy lejos. Me sentía como si estuviera en la gloria y ante la presencia de Dios. Creo que esa sensación de electricidad que corría por mi cuerpo era la sangre de Cristo que me limpiaba de todos mis pecados. Esta poderosa sangre comenzó a quebrantar la maldición de generación que había sido heredada por mis antepasados. El historial de mi padre era uno aterrador. Él había apuñalado y disparado a mucha gente. Su padre había hecho lo mismo. El padre de mi madre estuvo en las mismas cosas. Pero ahora esas maldiciones estaban siendo quebrantadas sobre mi vida. Comencé a brincar y a saltar. Llorando decía, *"¡Soy libre. Soy libre. Soy libre!"*

La gente me miraba y los oía decir, "¿Qué le ocurre a ese joven? ¿Qué le a pasado?" Una muchacha que estaba al frente exclamaba, "Miren, ya no está temblado." Yo lloraba y daba gracias a Dios frente a toda aquella gente sin sentirme avergonzado delante de ellos.

Continué gritando, "¡*Gracias Jesús, gracias Jesús!*" Luego cerré mis ojos y me puse de rodillas en aquella tierra dando gracias a Dios desde lo más profundo de mi ser. Ese Espíritu Santo, dulcificante y confortante me envolvió. Cuando volví a abrir mis ojos otra vez y miré a mí alrededor, había como cien personas frente del altar junto a mí aceptando a Jesucristo como su salvador y eso que nadie había hecho un llamado. Noemí Ávila nos llevo a repetir la oración de arrepentimiento. Yo repetía en alta voz, después de ella, lleno de emoción. Luego caminé hacia los consejeros y les di mi nombre y dirección.

Saliendo de la campaña la gente me abrazaba; perecía que nadie me tenía miedo. Muchos de ellos me conocían y sabían quien yo era. Hasta la gente que vivían en el vecindario y que iban a la iglesia, me abrazaban y se alegraban por mí.

"Tú Rostro Está Resplandeciendo"

De regreso hacia casa iba caminando y cantando durante todo el trayecto. Cuándo entré a mi casa, miré a mi madre y dije, "Mami, ¡Sabes qué! Recibí a Jesús esta noche. Mami, me siento muy bien." Mientras lágrimas llenaban mis ojos continué, "Me siento bien porque Él me perdonó Mami. Él me perdonó."

Mi madre me miraba y me dijo, "Joey, tú rostro está resplandeciente y lleno de alegría." Le dije a mi Mami cómo fue que Dios me llamó por mi nombre. Luego me fui a mi habitación, me duché y me acosté a dormir. Está fue la primera vez en toda mi vida que pude dormir tan bien. Es más, dormí tan bien que me desperté tarde. Llamé a Cozzy para decirle que llegaría un poco tarde y que además tenía algo muy importante que decirle.

Finalmente llegué al trabajo y cuando entré Cozzy se quedó mirándome fijamente. "Cozzy, ¡Sabes qué!" Perplejo me preguntó, "Joe, ¿Qué ocurrió? Tú rostro está resplandeciente. Mírate estas nuevo." Le expliqué lo que había ocurrido. "…anoche recibí a Jesús. Jesús me llamó por mi nombre en la campaña. Yo le había dicho que si Él me llamaba por mi nombre yo lo recibiría." Lágrimas comenzaron a bajar por su rostro. Me agarró y me beso en cada mejilla, su costumbre italiana. Yo no estaba acostumbrado a eso y lo eché para atrás. "Joe, té dije que si tú le das a Él la oportunidad, Él té dará paz." Yo estaba tan entusiasmado y emocionado que Cozzy llamó a Benny, John, Juan López y al resto de los muchachos cristianos. "Joe recibió al Señor. El recibió al Señor."

El resto de los muchachos que no eran cristianos vinieron al frente para ver lo que había ocurrido. Hasta ellos podían ver que me veía diferente. Ellos preguntaban, "¿Qué te a ocurrido? Hoy te ves diferente."

Juan Cruz sé unió a nosotros diciendo, "¿Saben qué? Yo estaba allí. El Señor lo llamó por su nombre. La mujer que estaba predicando dijo, "Esta noche hay un joven con una buena bendición del Señor y el nombre de ese joven es José. Yo sentía que era él," decía Juan.

Le relaté a Juan cómo fue que había negociado con Dios en mi habitación. Le expliqué que si me llamaba de esa manera yo lo recibiría. Todos estaban alegres, pero yo estaba aún más emocionado y lleno de gozo.

Fui salvo martes en la noche del día 7 de junio del 1979. Al día siguiente ya estaba diciéndole a la gente acerca de Jesucristo.

Le dije a Bob que ya no quería más drogas. Recuerdo que había echado una gran cantidad de droga que aún tenía por la alcantarilla. Ni siquiera había bajado al vecindario para cobrar el dinero producto de mis drogas. Dejé que todo ese negocio se echara a perder.

Me mantuve lejos de los muchachos del vecindario por un tiempo. Comencé a darles testimonio a los muchachos en el trabajo. Cada vez que llegaba a casa era a orar, orar y orar. No tenía una iglesia local. Uno de los muchachos del trabajo, Sam Toland, otro cristiano a quién en un tiempo atrás yo aborrecía e intenté matar, me invitó para que fuera con él a su iglesia hasta que consiguiera una donde pudiera crecer en el Señor.

Capítulo 20

TRANSFORMACIÓN

Decidí acompañar a Sam a su iglesia el domingo en la mañana. El sábado en la noche me arrodillé para orar y dije, "Señor, no sé que debo hacer. Acabo de aceptarte y no sé hacia donde dirigirme. Gracias por John Gallashore que me está ayudando para que conozca más acerca de ti." John se había dispuesto a enseñarme sobre la palabra de Dios. Y continue, "Señor, necesito Tú ayuda. Necesito una iglesia y también necesito una Biblia porque aún no tengo una."

El domingo en la mañana fui a la iglesia de Sam Toland. Su iglesia se llamaba Mount Pisgah Church, la cuál estaba localizada en la misma esquina de la calle Veintidós y Berks. Esa mañana Sam no fue a la iglesia porque tuvo que salir fuera de la ciudad.

Me senté y luego se sentó a mi lado una señora mayor de edad y me preguntó quién yo era. Le contesté que trabajaba con Sam y que había aceptado a Jesús el martes de esa semana y que Sam me había dicho que viniera a su iglesia en lo que encontraba una iglesia local a la cuál pudiera asistir.

La mujer fue y buscó a uno de los diáconos de la iglesia. Este me preguntó si había entendido la decisión que había tomado. Le dije que sí y que había decidido servirle a Dios desde ahora en adelante. Luego me pregunto si sabía que Jesucristo murió en una cruz por mis pecados. A esto le contesté también que sí y que Él me había limpiado con su sangre. El diácono me preguntó si tenía una Biblia y le dije que no. Me percaté que la intención de él era averiguar si en verdad yo había hecho una confesión de fe y de servir a Jesús de ahora en adelante. Me dio una Biblia y sin ocultar mi emoción exclamé, "Anoche mismo le pedí a Dios por una Biblia y mira, me dio una."

Aquel diácono me dijo, "Hijo, vas aprender muchas cosas acerca de Dios que no sabias. Vas a pedirle por muchas cosas más y Él te las va a dar para mostrarte que Él es Dios. Me gustaría llevarte al frente de la congregación para presentarte a todos." Llevándome al frente de la iglesia me presentó como un amigo de Sam Toland.

Les dije que Sam había estado compartiendo el evangelio conmigo y que yo había aceptado al Señor el martes en la noche y que ahora soy un hermano nuevo en Cristo.

Todos en la iglesia comenzaron a alabar a Dios y hasta varios se levantaron para abrazarme y saludarme. Esto era algo a lo cuál yo no estaba acostumbrado pues no fue mucha la gente que me habían abrazado. Comencé a sentirme amado y querido por esta gente. Había tomado el autobús para llegar a la iglesia, pero de regreso a mi casa caminé como cuarenta cuadras. Salí de la iglesia tan gozoso, que por el camino entonaba un cántico provocando la mirada de la gente que aun no lograban entender lo que me sucedía.

Ese cántico que entonaba lo escribí el mismo día en que acepté al Señor y mientras iba caminado por la calle, cantaba esa canción sin temor a la muerte.

Una Obra Rápida

Cuando llegué a la calle de Glenwood y Germantown, algunos muchachos del lugar me vieron con mi Biblia y me llamaron. Mientras me acercaba, uno de ellos dijo, "Oye, ¿Qué es eso que tienes en tú mano?" Él me hablaba como un pandillero a la vez que sostenía en su mano una lata de cerveza. Yo aún conservaba esa voz ruda y una apariencia hostil.

Le dije en manera sarcástica, "¿Qué crees tú que es?"

"Déjame verla," me dijo, "¿Sabes algo acerca de ella?"

"No," le dije, "Apenas el martes acepté al Señor."

Tomé la Biblia y se la entregué. Él me dijo, "Comienza a leer desde Génesis hasta que llegues a Apocalipsis."

"Okay," le respondí.

Cuando le dije que me la devolviera, él me dijo que no. "No té la voy a devolver, no me agradan los puertorriqueños."

En cuanto dijo eso yo estaba listo para darle un golpe pero opté en decirle, "No me importa quien té agrade. Devuélveme la Biblia." Nuevamente la alejó de mí. Otra vez le dije, "Té voy a decir algo, en un tiempo atrás no me agradaban los morenos, blancos y tampoco los puertorriqueños. Antes de ser un cristiano le disparaba a la gente. Era vendedor de drogas y líder de pandilla. He estado en la cárcel por muchos delitos y si no me das la Biblia, ahora mismo te mato." Y se la arrebaté de la mano.

Él atemorizado se echó hacia atrás y preguntó, "¿Tú en realidad haz hecho todo eso?"

"Sí, y tú debes darle gracias a Dios que soy salvo. De lo contrario, té hubiera disparado en este mismo instante."

"Wow, tú no pareces ese tipo de persona." Así de rápido estaba el Señor obrando en mi vida. Llevaba solo cinco días como cristiano y la gente ya podía ver un cambio en mi vida. Luego me dijo, "Sabes, tal vez algún día té vea en el cielo. Si Dios té pudo cambiar a ti puede cambiar a cualquiera." Me alejé y nuevamente seguí entonando esa canción alegre hasta que llegué a mi casa lleno de gozo y emoción.

El día de la campaña, Dios me liberto de las drogas y de todo lo demás, excepto de los cigarrillos. Yo comencé a reducir la cantidad que fumaba y tres semanas después, el Señor me libertó de ellos también. Un día cuando visitaba la iglesia de Sam Toland, estuve bajo tanta convicción por causa de la predicación que cuando llegué a casa eché los cigarrillos que tenía a la basura. Jamás volví a fumar otra vez. Tenía un carro que necesitaba que se le hiciera trabajo de carrocería. Mi primo Felipe, al igual que su cuñado Carmelo, estaban haciendo el trabajo de hojalatería al carro. Cuando fui a ver cuanto más les faltaba trabajar en el, Carmelo me dijo que necesitaban una pieza. Fui con ellos a Camden, Nueva Jersey a buscar la pieza. Carmelo y su esposa, Olga eran cristianos e iban a la iglesia Bautista en la calle Siete y avenida Erie.

Mientras regresábamos de Camden, manejando en dirección norte por la calle Cinco, vimos a una iglesia por nombre, Templo Sinai Asambleas de Dios. Mi primo Felipe dijo, "Joey, esa iglesia es ideal para que asistas." La noche anterior le había pedido al Señor que me mostrara una iglesia a la cuál pudiera asistir. Yo necesitaba con urgencia una iglesia local.

Miré a Carmelo y pensé, "Espera un momento, estos tipos son cristianos. Ellos van a una iglesia Bautista y desde que fui salvo ellos no me han invitado a su iglesia. Tal vez Dios está contestando mi oración y quiere que vaya a esa iglesia en la calle Cinco." Esa noche cuando llegué a casa comencé a orar. A veces oraba en voz alta que hasta los vecinos me oían. Todos los días oraba y lloraba pues no podía entender cómo era que Dios me había perdonado después de haber cometido tantos crímenes y de haber herido a tanta gente.

Orando, le dije al Señor que iría a la iglesia que quedaba en la calle Cinco y Somerset, la que había visto con mi primo. Si Él me quería allí, en cuanto entrara por sus puertas, me sentiría cómodo y tranquilo, como en mi casa. El domingo en la mañana fui a esa iglesia que antes era un antiguo teatro. Habían como cuatrocientos miembros. Me senté en la parte posterior de la iglesia y casi al instante se acercó un hombre para preguntarme si era un visitante.

"Sí," le dije, "y también estoy buscando una iglesia local en la cuál congregarme."

También me preguntó si era cristiano a lo que respondí que había aceptado al Señor hace cuatro semanas atrás y que aún no había encontrado una iglesia local. Me dijo que lo esperara un momento y al regresar trajo a otro hombre llamado Amador Rolón para que lo conociera. Durante la conversación le pregunté si era el dueño del estudio de fotos en la calle Cinco. Me respondió que le pertenecía a su hermano Luis. Luego me preguntó si yo me pasaba en la calle Cinco e Indiana. Cuando le dije que si, él me dijo, "Ese en un vecindario muy malo."

A lo cuál le respondí, "Sí, lo sé. Yo era líder de pandillas y vendedor de drogas en ese vecindario. Pero hace cuatro semanas atrás acepté a Jesucristo como mi Señor y Salvador."

"Alabado sea Dios," dijo Amador. "Cuando dijiste eso sentí que se me pararon los pelos de todo mi cuerpo."

Me llevó a la clase de jóvenes. Había como cincuenta jóvenes en esa clase; nueve eran muchachos y el resto eran muchachas muy bonitas. Aún cuando eran bonitas, no me llamaron la atención. Aún estaba enamorado de Carmen. Estaba pensando buscar al Señor a solas y si era voluntad de Dios, Carmen estaría ahí conmigo, sirviéndole al Señor también.

Durante el recogido de la ofrenda noté que todos estaban echando desde cincuenta centavos a un dólar. Yo tenía mil quinientos dólares encima que alguien me debía por un préstamo que le di. Tomé cincuenta dólares y los eché en la ofrenda. Tenía dos cadenas en mi cuello, un reloj de oro, una sortija con diecisiete diamantes, pantalones hechos por sastre y una camisa muy bonita. Esto hizo que la gente especulara que yo era rico.

Cuando terminó la clase, la hermana de Amador, Judy se me acercó y comenzó a hablar conmigo. Me hizo varias preguntas con respecto a cómo fui salvo. Luego el hermano de Judy y otras personas también me hicieron preguntas similares. Algunos decían que recordaban como fue mi salvación porque estuvieron presentes en la campaña. Algo si sabía y era que me sentía muy cómodo con ellos. Ví a muchos jóvenes allí. Sentía que sería una bendición para mí estar en esta iglesia; tal vez podría ayudar a algunas de estas personas a que no volvieran atrás a vivir la vida como la que yo viví en el pasado.

Al llegar a casa comencé a orar y a dar gracias a Dios por esa iglesia. Le pedí que me permitiera ayudar a los jóvenes allí. "Ayúdame a ser una bendición para ellos Señor," clamaba yo en voz alta.

Todos los días cuando iba a trabajar llegaba temprano para unirme al grupo y orar. Cozzy, junto a los demás cristianos, me ayudaron a conocer más acerca de Dios. Durante mi hora de almuerzo me encerraba en una oficina que estaba vacía y me arrodillaba a orar.

Cozzy y los demás también me enseñaron que tenía que ayunar para que así el resto de las cadenas que me ataban pudieran caer de mi vida. Comencé a ayunar casi diariamente omitiendo el desayuno y el almuerzo; después de un tiempo, ayunaba dos o tres días en la semana.

Mientras más asistía a la iglesia Sinai Asambleas de Dios en la calle Cinco y Somerset, más me gustaba. Un día el pastor me llamó a su oficina y comenzo a dialogar conmigo. Casi no entendía lo que me decía y tampoco entendía mucho de lo que predicaba porque todo era en español. Lo único que realmente me ayudaba a comprender era la escuela dominical porque la clase era en inglés. Todos los domingos después del servicio, tomaba varios tratados y se los daba a la gente de camino a casa.

Algunos miembros de la iglesia querían que fuera a sus casas para tener compañerismo con ellos pero declinaba a la invitación diciéndoles que necesitaba ganar almas. Camino a casa, me detenía para dar testimonio a la gente acerca de Dios. Él comenzó a usarme rápidamente al compartir lo que Él había echo en mi vida. En muchas ocasiones las personas comenzaban a llorar al escuchar sobre mi pasado y mi vida actual en el Señor. A veces veía a mis amigos tirando topos y les interrumpía el juego pues quería que todos supieran acerca de mi Jesús. Cuando les interrumpía el juego de topos, ellos no decían nada porque creían que estaba aún loco.

Es más, muchos comentaban que yo era cristiano por el momento pero que pronto me descarriaría, pero con todo eso, ellos escuchaban lo que tenía que decirles. Aún los muchachos que eran mis enemigos y que yo había herido en el pasado, sé detenían cuando me veían con mi Biblia para hacerme todo tipo de pregunta.

Los primeros tres meses de mi salvación, por la gracia de Dios, logré traer a sesenta familias a la iglesia. Siempre estaba llevando a alguien conmigo. Un día el pastor se me acercó y me pidió que compartiera mi testimonio con la congregación pues nadie sabía realmente que fue lo que me había ocurrido y cómo fue que me había salvado. Mucha gente en la iglesia no sabía que tipo de persona había sido yo en el pasado.

Invité a Cozzy para que asistiera a la iglesia y escuchara mi testimonio el cuál iba a compartir un viernes en la noche. Cozzy trajo a un sargento de la policía, a un capitán de las armadas y a otro hombre quienes eran amigos suyos y hermanos cristianos. Ellos también querían oír mi testimonio. Nunca había hablado frente a tanta gente. Por lo tanto estaba muy nervioso con solo pensar que tenía que pararme frente a todos ellos. Estaba acostumbrado hablar uno a uno ó con unos cuantos, pero no a un grupo de gente tan numeroso.

Para prepararme estuve orando y ayunando por tres días. Esa noche le di gracias a Dios porque no estaba tan nervioso como pensé que lo estaría. Ya tenía en mente lo que iba a decir, pensé que me tomaría cerca de media hora. Pero cuando me paré frente a todos ellos y ví que eran muchos los que habían venido para escucharme, incluyendo a John Gallashore y a Bob, un antiguo colaborador, me puse tan nervioso que pienso que me tomé cinco minutos para dar mi testimonio completo.

Estaba muy nervioso y hablaba tan rápido que ni siquiera tomaba aire para respirar. Luego de haber terminado, Cozzy me felicitó y me dijo que continuara haciendo una buena labor, que Dios me iba a usar. Mucha gente me decía que Dios tenía un plan para mi vida. Yo no entendía que era lo que ellos querían decir con eso.

Esa noche no pude dormir porque me sentía muy avergonzado. Intentaba recordar todo lo que había hablado durante mi testimonio, pero no podía porque lo había hecho tan rápido. Oraba a Dios para que me mostrara cómo poder dar mi testimonio y que me quitara el temor que sentía delante de tanta gente. A la medida en que continuaba orando, el Señor me ayudaba a vencer mi temor. Él me estaba enseñando las cosas que necesitaba aprender de su palabra.

Un Antiguo Amigo

Un domingo, durante el servicio de la noche, mi amigo Edwin a quién nosotros llamábamos Lemon, vino a la iglesia. Yo me sentaba usualmente en la quinta fila del frente hacia atrás. Sentado allí esperando que comenzara la predicación ví entrar a Edwin. Le di un abrazo y le dije lo alegre que me sentía de verlo allí. Lemon pertenecía a mi ex-pandilla y había cometido un crimen la misma noche en que me iban a matar en la discoteca. En aquel entonces me acuerdo que cuando llevé a Lemon a su casa, toda su familia estaba llorando. Ellos querían que yo le dijera que se entregara, pero en lugar de eso le dije que le iba a dar dinero para que se fuera lejos de la ciudad. De todos modos, Lemon decidió entregarse y quería que yo estuviera allí cuando él lo hiciera. Pero hice todo lo contrario, me escondí a la vuelta de la esquina para ver cuando los agentes lo ponían bajo arresto. Luego de unos meses Lemon salió de la cárcel bajo fianza mientras esperaba que lo citaran del tribunal. Cuando salió de la cárcel lo ví con una Biblia en su mano lo cuál me provocó mucha ira y enojo hacia con él y le decía que era un hipócrita. Le dije que él estaba haciendo todo eso para que le redujeran la sentencia pretendiendo ser cristiano. De todos modos lo veía cuando iba a la iglesia que ahora yo me estaba congregando. Cuando lo veía salir de la iglesia, me alejaba de él porque no quería oír nada de Dios. Varias veces él fue a mi casa para darme su testimonio. Yo lo agarraba de la mano, lo sacaba al balcón y le decía que no quería escuchar lo que él tenía que decirme. Yo le decía que se suponía que me siguiera a mí y no a Jesús.

Lemon recibió una sentencia de catorce meses y salió de la cárcel tres semanas antes de yo haber aceptado a Jesús como mi salvador. Cuando lo ví le dije que siguiera sirviendo a Dios y que continuara yendo a la iglesia, pero no me hizo caso. Sé descarrió y nunca más volvió a la iglesia hasta esta noche que vino a visitar.

Ya yo llevaba cerca de cuatro meses de haber sido salvo cuando el vino esa noche al servicio. Él había estado descarriado ya por casi cinco meses. Se sentó en el servicio solo por un rato. Pude notar que él no estaba muy cómodo mientras el predicador estaba predicando. No podía mantenerse quieto en su asiento. De repente, Lemon me dio una palmada en el hombro y dijo unas palabras que jamás olvidare, "Joey, me voy. No puedo quedarme aquí. No me siento bien." Intenté convencerlo a que se quedara pero él estaba determinado a irse. "Joey, solo vine a decirte que cualquier cosa que pase, nunca vuelvas a la vieja manera de vivir. Quiero estar aquí contigo. Quiero servirle al Señor pero no puedo regresar. El diablo me tiene muy atado Joey." Podía ver lágrimas en sus ojos mientras me hablaba. Sé giró y se alejó. Mientras se alejaba, mi corazón se quebrantó porque sabía que él quería estar aquí sirviéndole al Señor. De todos modos encontré que sus palabras me sirvieron de estimulo.

Mientras crecía en el Señor, yo comencé a cambiar. En muchas ocasiones, las jóvenes de la iglesia venían a mi en busca de consejos. Yo les hablaba a estas muchachas delante de todos los demás. Les decía que cualquier cosa que hicieran nunca salieran fuera del Señor para buscar la solución; no hay nada allá para ustedes. Compartí con ellas mi historia y les decía que eso mismo les podría pasar si se alejaban de Dios.

Algunas madres al verme hablando con ellas se las llevaban para alejarlas de mí. Las madres no me querían cerca de sus hijas. Al principio pensé que era solo mi imaginación, pero luego me di cuenta que no lo era. Estaba realmente ocurriendo. Muchas de estas madres en la iglesia pensaban que yo estaba intentando enamorar a sus hijas. Me dí cuenta que después de haber escuchado mi testimonio, ellas sabían que tipo de hombre fui, y aun tenían sus dudas acerca de mí convicción y salvación. Aunque había muchas muchachas en la iglesia yo no tenía interés en ninguna de ellas.

Aún había muchas cosas que no entendía acerca del Señor y conocer más de El era mi prioridad. Yo llamaba mucho al pastor buscando su consejo. Luego averigüe que las personas adultas en la iglesia tenían un servicio de oración por lo cuál decidí que necesitaba envolverme con ellos en la oración. Tenía casi veintitrés años y todos los lunes y miércoles esta gente adulta se reunía para orar de siete a nueve de la noche. Comencé a asistir a estos servicios de oración para luego darme cuenta que no había jóvenes entre ellos.

A pesar de todo, esta gente adulta tenían lo que yo quería - conocimiento de la palabra y yo quería aprender más acerca de Jesús. Yo no estaba pensando ni siquiera en tener una novia.

Capítulo 21

LLAMADO A SU OBRA

Aún cuando había terminado con Carmen, continuaba orando para que Dios me guiara en su divina voluntad. Si no era la voluntad de Dios el que yo estuviera con ella, Él quitaría de mi corazón lo que aún sentía por ella. Quería agradar a Dios en todas las cosas. Para ese tiempo estaba tan enamorado de Jesús que no podía pensar en Carmen ó en otras muchachas. Solo quería ganar almas para el Señor. Quería que la gente supiera acerca de Jesucristo.

Las oraciones que hacían los adultos de rodilla en la iglesia, duraban dos horas. Claro está que después de treinta y cinco minutos ya yo había terminado mi oración. "En qué más podría orar," pensaba. De todos modos, mientras oraba, el Señor me bautizó con el Espíritu Santo para que yo pudiera hablar en otras lenguas de acuerdo a lo que dicen las escrituras. Quería experimental más de Dios.

Después de los treinta y cinco minutos, me quedaba de rodillas haciendo que todavía estaba orando. Me avergonzaba de que estas personas adultas pudieran estar de rodillas más tiempo que yo. Comencé a escuchar algunas de sus oraciones y las iba añadiendo a las mías. Así cuando me vine a dar cuenta, ya estaba orando casi una hora. Luego, las oraciones se hacían más largas, una hora y media, luego dos horas. De tal manera que ya estaba adicto a la oración. No podía esperar que llegara los días de oración para ir a orar con las personas adultas.

Los jóvenes que me veían me preguntaban qué hacía con las personas adultas. Me decían que ellos no estaban en nada y que lo único que hacían era orar. Les dije que eso era exactamente lo que yo quería hacer, orar.

Hubo muchos momentos en los que al terminar de orar les hacia preguntas. Me sentaba allí con quince personas adultas y les hacia todo tipo de preguntas acerca de Dios. Compartía con ellos mis problemas pues todos los días me arrepentía de mis pecados. Pensaba que estaba haciendo algo que me hacia sentir que yo estaba mal.

Me recuerdo que hubieron muchos momentos que cuando les testificaba a gente y estos no me querían escuchar, los agarraba por el cuello, los arrinconaba contra una pared y luego les decía que tenían que escuchar lo que les iba decir, les gustara ó no. Aún había gente que me tenía miedo.

Yo pensaba que estaba haciendo lo correcto. Quería que todos supieran por la fuerza ó voluntariamente lo que Jesús había hecho por mí. Le doy gracias a Dios por esos cristianos adultos que me aconsejaron diciéndome que esa no era la manera correcta de testificar a la gente. Me dijeron que siguiera buscando al Señor. Que siguiera leyendo la Biblia y que Dios me mostraría como ganar las almas para Él. Este era mi gran deseo, ganar almas para Jesús. Les dije a estos adultos que cuando leía la Biblia algunas veces no la entendía. Ellos me dijeron que al orar, le pidiera a Dios que me diera sabiduría, conocimiento y entendimiento de su palabra y de su Espíritu.

Era ya la primavera y llevaba siete meses salvo. Yo quería hacer algo con los jóvenes de la iglesia, pero entonces escuché que los adultos estaban dando servicios en la calle. En una ocasión me preguntaron si quería ser el predicador de uno de sus servicios. No sabía que decir porque no sabía cómo predicar. Recuerdo cuando compartí mi testimonio en la iglesia y como me sentí. En realidad no quería pasar por eso otra vez.

Después de haber ayunado por tres días, de todas maneras, fui al servicio en la calle. Le dije a Cozzy, a John Gallashore y el resto de los hermanos del trabajo que me mantuvieran en oración porque iba a predicar en un servicio en la calle. Con lo mejor de mi habilidad estaba preparándome para predicar. Oré, ayuné y estaba listo para salir a predicar. Pero a manera en que se acercaba la hora, yo oraba que lloviera ó que viniera una tormenta porque tenía temor y no quería estar frente a tanta gente nuevamente.

Aquella Mujer Soy Yo
El servicio se iba a llevar acabo en la esquina de la calle Cuatro e Indiana. Esta era la misma esquina donde yo anteriormente vendía droga. También estaba ubicada la taberna donde yo me emborrachaba. Ya en el lugar, por fin llegó el tiempo para que yo diera mi testimonio, el cuál completé en solo diez minutos. Nuevamente hablé tan rápido que no recuerdo en lo absoluto lo que dije. Esto provocó en mi cierto grado de inseguridad.

Cuando llegué a casa esa noche, el diablo comenzó a atacarme. No pude dormir. Me sentí tan avergonzado. El diablo me decía que era un bruto y un estúpido, "¿Por qué predicaste así? Así no es cómo se predica." Después de ese servicio en la calle no pude dormir por dos meses pues batallaba contra espíritus todas las noches. A veces estando acostado en mi cama, sentía como que estaban sacando el mattress de debajo de mí. En mi desesperación, bajaba a donde mi madre y esta usada por el diablo, me maldecía y me decía que me fuera al infierno con Dios.

Un día cuando mi hermano Philip entró a la casa; yo acababa de terminar un ayuno. Este se rasgó la camisa y me la tiró en la cara. Brinqué listo para pegarle con el puño en la cara, cuando escuché a mi madre decir, "Joey, no lo hagas." Mirando a Philip mejor, podía ver al diablo en su rostro. El estaba respirando fuertemente y maldiciendo con todo tipo de palabras obscenas.

Le dije, "¿Sabes qué? Ni siquiera voy a perder el tiempo contigo. Sabes, Jesús té ama." En cuanto le dije eso, él me replicó, "Cállate." ¡Wow! de inmediato pensé, "En verdad que esto si funciona." Entonces le volví a decir, "Jesús té ama." El me volvió a repetir, "Cállate," y quitó su mirada de mí. Se lo dije una tercera vez, "Jesús té ama," y entonces se fue de la casa. Luego de haberse marchado, me fui a mi habitación y me recosté en mí cama pero no podía conciliar el sueño. Cuando menos me lo esperaba pude escuchar que Philip había regresado de nuevo a la casa y escuché decirle a mi madre, "No sé porque molesto a Joey. Desde que se convirtió siento envidia hacia él. Aun cuando me avergüenzo de la decisión que él a tomado, me alegro por él. Todos están diciendo que Joey verdaderamente está loco. Ahora sé pasa en las esquinas de las calles diciendo que Dios lo salvó. Es más, también esta entrando a las discotecas diciéndole a la gente que Jesús los quiere salvar a ellos también. Me han dicho que él aún detiene la música que pone el disk jockey de la discoteca y dice que él tiene algo bueno que decir. Comienza hablar de Jesús y nadie lo detiene porque todos le tienen miedo. Ellos piensan que él a perdido la mente. Aún va a aquellas personas que van a comenzar a pelear, los detiene para hablarle acerca de Jesús. En realidad no sé porque lo molesto. Estoy contento por él." El no sabía que yo podía escuchar todo lo que le había dicho a mi madre.

Un miércoles en la noche cuando fui a la iglesia para el servicio de oración, compartí con los hermanos que no podía dormir desde la noche en que tuvimos el culto al aire libre. Ellos me dijeron que la próxima vez que tuviéramos un culto similar no hablara tan rápido - que necesitaba tomar mi tiempo. Dios me iba ayudar con el asunto por que Él quería usarme y si había cuidado de mi con tanto fervor era por que Él tenía un plan para mi vida. En todos los servicios de oración los hermanos oraban por mí y me ungían con aceite.

Yo amaba a ese grupo de hermanos porque estaba aprendiendo tanto de ellos y estaba creciendo mucho en el Señor. En el grupo de oración había una mujer llamada hermana González. Esta tenía algunos sesenta y cinco años de edad y era una hermana muy hermosa. Pero había algo en ella que siempre me molestaba y era que se la pasaba mirándome fijamente.

Una noche en particular, la hermana González caminó hacia mí y dijo, "Joey, ¿Té puedo hacer una pregunta? ¿Alguna vez tuviste un afro, barba y un arete grande en tú oreja?"

"Sí," le contesté, "¿Por qué me preguntas?"

"Joey, quiero hacerte otra pregunta, ¿Tú frecuentabas la esquina de la calle Cuatro e Indiana?"

Y otra vez le respondí que sí, a lo cuál añadí que yo era un pandillero y vendedor de drogas en ese vecindario.

Luego ella me dijo, "Joey, hace como un año atrás hubo una mujer que fue a testificarle a un joven en esa esquina."

"Si," le respondí, "Recuerdo que una mujer se me acercó diciendo que Dios estaba llamándome. Dios le dijo que fuera a esa esquina porque había un joven allí a quien Él quería salvar y ese joven era yo. Ese día yo estaba listo para matar a uno de mis vendedores de drogas y ella me dio unos tratados. Me enojé tanto con ella porque me había interrumpido cuando yo iba a matar aquel muchacho que tomé los tratados y se los tiré en la cara."

"Joey," me dijo ella, "esa mujer soy yo." Cuando me dijo eso ambos comenzamos a llorar. "Joey, desde aquel día, aún cuando no sabía el nombre de aquel joven, yo oraba a Dios diciéndole, 'Dios sálvalo'." Las lágrimas seguían bajando por su rostro y continuó, "Desde que tú comenzaste a venir a nuestra iglesia, no té quitaba la vista de encima porque té me parecías tanto a ese joven. No estaba segura sí tú eras ese joven. Esto sí que es un gran gozo. Dios responde a las oraciones en una manera milagrosa. No detuve mi petición a Dios para que té salvara, y mira, ahora estás aquí." Abrasé a la hermana González y le dije, "Gracias hermana, muchas gracias por su oración. Gracias por no haberse dado por vencida." Los demás hermanos al vernos hablar se nos acercaron y escucharon lo que estábamos hablando. Al oír cómo Dios había contestado la oración de la hermana González, me pedieron que compartiera con toda la congregación una vez más mi testimonio, ya que querían escuchar cómo fue que me había convertido.

Ese domingo en la noche di mi testimonio. Está vez me tomé tiempo suficiente y compartí el mismo como en veinte minutos. Les dije como fue que Dios me llamó por mi nombre y cómo fue que Él se apareció frente a mí. También les dije que Dios usó a la hermana González para decirme que Él me estaba llamando.

Después que terminé hicieron un llamado al altar y se salvaron como veinticinco personas. Fue entonces cuando el hermano Pepe Nieves, un verdadero guerrero de oración, se me acercó y dijo, "Joey, Dios té va a usar poderosamente y tú ni siquiera lo sabes." Continuó diciendo, "Ya tú tienes los dones, solo tienes que llegar a su plenitud. Dios té va a usar para ganar a miles de almas para Él. Mientras compartías tú testimonio, Dios me mostró eso."

Al mes siguiente el pastor vino y me pidió que entrara a su oficina. Me dijo que en el servicio de la noche me iban a ungir como el evangelista de los jóvenes de la iglesia. "Joey, Dios té a usado tremendamente desde que tú has estado aquí. La iglesia ha crecido porque tú has traído a mucha gente. Has traído a tanta gente que pienso que ninguno de nosotros lo hubiésemos podido lograr. Dios té esta usando para traer gente y té queremos ungir como un evangelista en esta iglesia."

Esa noche el pastor me llamó al frente de toda la congregación y dijo, "Este joven lleva con nosotros alrededor de ocho meses y Dios lo ha usado tremendamente. Quiero ungirlo como evangelista de esta iglesia para que trabaje con los jóvenes llevándolos a las calles para que den testimonio a otros."

Dos ó tres personas no pensaban que yo estaba suficientemente preparado como para que me ungieran como evangelista de jóvenes. Siempre van a encontrar a este tipo de gente en la iglesia, no hacen nada más que quejarse. De todos modos, el pastor y los ancianos me ungieron.

Esa misma noche les pregunté a los hermanos de la iglesia si querían salir conmigo para dar un culto al aire libre. También le pregunté al pastor si podía usar el equipo de sonido para el servicio en la calle. Después que orábamos los lunes, miércoles y sábados salíamos a las calles para tener los cultos y para ganar almas.

Algunos de los adultos también se unieron a nosotros, incluyendo a Catalina Rolón y su inseparable amiga Isabel. La hermana Rolón sé convirtió en mi madre espiritual. Todos los domingos, martes y jueves teníamos servicios en la iglesia; siempre quería mantenerme ocupado con las cosas de Dios. Sabía que esto me ayudaría a estar lejos de las cosas del mundo y más cerca de Dios. Continuamos dando servicios en las calles y entre más lo hacíamos, más iglesias se iban uniendo a nosotros. Los pastores de estas otras iglesias me pedían que fuera a sus iglesias para compartir lo que había hecho Dios conmigo. Claro, que siempre le preguntaba a mi pastor si estaba bien con él que yo fuera a estas iglesias a compartir mi testimonio y nunca me lo impidió. Al contrario, me animaba para que fuera.

Al pasar el tiempo, mi pastor me dijo que había un instituto Bíblico en nuestra iglesia y me animó a que fuera. Comencé a asistir al instituto pero en realidad no entendía nada porque las clases eran en español. Llevaba ocho meses de convertido cuando me inscribí. Después de estar estudiando en el instituto Bíblico por dos meses, estaba muy confundido. Sentí que no estaba aprendiendo nada por causa de la barrera del lenguaje. Había pagado por los cursos, pero los maestros se daban cuenta que no estaba dominando las lecciones. Ellos me siguieron animando a que fuera como un oyente. De todos modos, aún cuando estaba aprendiendo muy poco de la Biblia, estaba aprendiendo el lenguaje español y por eso continué yendo.

A los ocho meses de convertido, di mi primera campaña de jóvenes. Compartí mi testimonio y traje a otros predicadores para que predicaran la palabra de Dios, personas como Nino González y Edwin Martínez. La iglesia entera estaba siendo avivada. Todos se estaban involucrando, tanto los jóvenes como los adultos.

El Plan de Dios Para Mí

Un hermano de la iglesia llamado Ángel Robles, el cuál había terminado en el instituto Bíblico y estaba para ese tiempo pastoreando una iglesia en Lansdale, Pennsylvania, sintió en su corazón comenzar un centro de rehabilitación para drogadictos en Filadelfia. La necesidad era tan grande por estos centros que dejó de pastorear para empezar este programa.

Un día me dijo que necesitaba hablar conmigo. El no sabía que yo acababa de salir de un ayuno de tres días. Mientras estaba en este ayuno lo vi en una visión viniendo a mí casa para hablar conmigo. Tal como lo ví en la visión asi fue que sucedió. Cuando lo ví en mi casa, me quedé muy asombrado y le dije, "He estado ayunando por tres días y té ví venir a mí casa. Se supone que yo té ayude hacer algo. No sé lo que es pero aquí estoy disponible para hacer lo que tú necesitas."

Capítulo 22

SU PERFECTA VOLUNTAD

Angel Robles se emocionó cuando escuchó eso y dijo, "He venido aquí para decirte que voy a comenzar un centro de rehabilitación para hombres. ¿Puedes darme una mano con eso? Voy a necesitar asistencia en comenzarlo y creo que tú puedes ser una gran ayuda para mí en este programa."

Le dije que lo pensaría porque todavía estaba trabajando en Cardos. Pero al escuchar esto, mi madre estuvo inmediatamente de acuerdo ya que entendía que seria bueno para mí. Ya era tiempo de que me mudara de la casa de mí madre. Estaba teniendo demasiados problemas espirituales allí ya que ninguno de ellos me estaban siendo de ayuda en el Señor. Un tío mío me arrendó un apartamento que tenía en la calle Trece y Westmoreland. Un hermano llamado Rubén se mudo conmigo y así compartíamos los gastos. Rubén era el cuñado de Angel Robles.

Cuando llegué al trabajo hablé con Cozzy y le pedí que si iba haber despedidos por falta de trabajo me incluyera entre ellos. El no quería hacerlo pero le expliqué que quería ayudar a un hermano de la iglesia a levantar un centro de rehabilitación. "Joe," me dijó Cozzy, "Es porque el Señor me está diciendo que lo haga que té voy a dejar ir. No eres el siguiente en la lista para que seas despedido pero tienes que hacer lo que el Señor té esta diciendo." Me despidió y me fui a colectar desempleo.

Ahora estaba libre para trabajar con Angel Robles en el programa. Un día tuvimos un servicio en la iglesia donde asistieron como mil personas y el hermano Robles predicó. Durante el servicio la gente ofrendó el dinero para comprar la casa que se necesitaba para el programa de rehabilitación.

Como un mes después, Angel Robles me pidió que me mudara con los muchachos para el programa porque hacía falta un staff interno. Rubén ya se había mudado del apartamento y yo estaba viviéndolo solo. Para ese mismo tiempo, mi hermano Edwin estaba teniendo problemas con su esposa y estaban por perder el apartamento donde vivían. Así que les dije que se quedaran en mi apartamento y continuaran pagando la renta. Dejando todo en el apartamento, me fui a vivir al centro con los cinco muchachos que habían en el. Estos muchachos habían sido recogidos de las calles y edificios abandonados. Estaban realmente mal. Eran adictos a la heroína, pandilleros y convictos. Algunos hasta dormían en carros abandonados.

Yo iba a diferentes iglesias y les presentaba las necesidades que teníamos en el programa. No sabía que el pastor Robles era el que estaba preparando los compromisos para que predicara. Los pastores y las diferentes personas en la ciudad comenzaron a escuchar más acerca de mí ya que me habían oído predicar en las esquinas de las calles. En muchas ocasiones cuando íbamos a las iglesias, estas nos daban ofrendas ó alimentos para el programa. Aún con todo esto, no era suficiente para cubrir todas las necesidades del mismo.

De lo que recibía del desempleo semanalmente, sacaba mis diezmos y el resto lo daba al programa. Un día los muchachos estaban quejándose y murmurando más de lo usual. El diablo estaba tratando fuertemente de impedir el trabajo que estábamos haciendo para Dios en el programa. Ellos se quejaban porque no había suficiente comida, algo que era verdad. Yo les decía que siguieran orando para que Dios supliera el alimento, pero en lugar de hacer eso lo que hacían era quejarse. Frustrado con ellos, les dije a los cinco, que si no estaban satisfechos con el programa que lo abandonaran - que ellos no tenían que estar allí. Les recordé de donde habían venido antes de que los trajéramos al programa, viviendo en carros y casas viejas y abandonadas. En ese entonces pasaban dos ó tres días corridos sin comer y ahora sé quejaban por la comida. Tenían un buen desayuno y se quejaban porque no teníamos para el almuerzo.

Mientras hablaba con los muchachos, un hombre llamado Mike tocó a la puerta. Cuando la abrí, él entró llorando y diciendo que necesitaba ayuda. Mike quería ingresar al centro así que lo recibimos. Después de un rato, él nos dijo que tenía que recoger el sueldo de su último empleo, a lo que añadió que iba a donar todo ese dinero al centro. Cuando escuchamos eso todos nos emocionamos y nos llenamos de alegría. Sabíamos que Dios nos había provisto para que tuviéramos todos los alimentos que necesitábamos.

Mientras estuve en el programa ayudando, aprendí muchas cosas. Recuerdo a un hombre joven llamado Raymond que estuvo en el centro. Yo tenía unos pantalones nuevos hechos por sastre y él no tenía ropa alguna. El Señor me dijo que se los regalara y al día siguiente se fue del programa. Yo estaba enojado porque después que le regalé los pantalones se fue. El Señor me dijo que realmente yo no había regalado nada. Fue el Señor quién sé lo había dado. Aprendí que cuando le daba algo a la gente, era realmente Dios quién se lo estaba dando y no yo.

El Señor comenzó a bendecirme en gran manera. Ví como Él me proveía por todos los sacrificios que yo hacía al entregarme totalmente a su voluntad. Había dejado mi apartamento y mí empleo para irme a trabajar con los muchachos y nunca me faltó nada, siempre tuve lo suficiente. Mis padres estaban contentos conmigo y me ayudaron en muchas maneras.

Instituto Bíblico

Un domingo en la mañana me desperté con un deseo muy fuerte de ir a un instituto Bíblico. Quería aprender más acerca del Señor. Le estaba enseñando a los muchachos del programa a orar y a buscar más de Dios. Algunos de ellos querían aprender y otros no. Pero el deseo en mi de aprender más de Dios iba creciendo más fuerte cada día. Pero, ¿Cómo voy a ir a un instituto Bíblico con cuatro deudas grandes que tenía y sin haber terminado la escuela superior? Esa mañana me levanté pensando en Puerto Rico. No había regresado a la isla desde el 1970, es decir diez años. Quería ver a mí abuela antes de que falleciera. El Señor ya estaba poniendo en mí corazón que fuera allá. Él estaba revelándome su perfecta voluntad pero aun no lo entendía completamente.

Fui a la iglesia con los muchachos esa mañana. Durante la escuela Dominical, el pastor vino y me sacó afuera para hablar conmigo.

Me dijo, "Luis Rolón me dice que tú tienes deseos de irte para un instituto Bíblico. También tenemos a otras tres personas jóvenes en esta iglesia que tienen ese mismo interés y hay un problema con eso. Estas otras tres personas han estado en la iglesia más tiempo que tú y prácticamente se han criado aquí. De todos modos le he informado a la junta que tú eres al que deben enviar para la escuela y Luis Rolón está de acuerdo conmigo. Aún cuando ellos llevan más tiempo que tú, ellos no han hecho el trabajo que tú haz hecho trayendo gente al reino de Dios."

Y continuó, "Sentimos que necesitamos prepararte porque sabemos que tú serás una bendición mayor a la iglesia en el futuro. Solo llevas un año aquí y la iglesia a crecido tremendamente desde que el Señor té trajo para estar con nosotros. Creemos que si té preparamos para el ministerio al cuál Dios té a llamado, crecerá aun más. Finalmente estuvimos de acuerdo en seleccionarte para que vayas al instituto Bíblico y té vamos a cubrir todos tus gastos."

Le pregunté a dónde habría de ir a estudiar y me dijo que iba para Puerto Rico.

"Pastor, usted sabe que no entiendo muy bien el español."

Él me respondió, "Joey, el Señor me dijo que té enviara a Puerto Rico y si Él me dijo que hiciera eso, entonces Él sabrá como enseñarte. Cuando tú vayas, vas a estar representando a esta iglesia. Déjale saber a todos que tienes una iglesia en Filadelfia que está apoyándote. Ve, que Dios té va ayudar."

Esa tarde dejé a los muchachos en el centro con el staff que sé quedaría con ellos. Fui a la casa de mi madre y le dije, "Mami, el pastor y la iglesia me están enviando a un instituto Bíblico en Puerto Rico y ellos van a pagar todos los gastos."

Ella me preguntó, "¿Cómo té vas a ir teniendo unas deudas tan grandes, ni siquiera haz terminado de pagar tú carro? ¿Cómo puedes irte dejando esas deudas atrás?"

Ella me estaba desanimando tanto que el enojo que sentía hacia ella comenzó a resurgir de nuevo. Esa noche cuando llegué a la iglesia, pedí que oraran por mí.

Dos días después llamé a mí padre por teléfono y le dije que necesitaba hablar con él. Le explique diciéndole, "Papi, la iglesia a la cuál voy me va a pagar los gastos para ir a un instituto Bíblico en Puerto Rico, pero voy a necesitar los boletos del avión. Quería saber si tú me los podías comprar."

Él me respondió, "Llámame mañana y veré lo que puedo hacer por ti."

Le dije, "Papi tengo otro problema. Tengo cuatro cuentas que tengo que pagar antes de irme. Una de ellas es el carro que tengo. Si tú quieres quedarte con el, lo puedes hacer. Solo me faltan cinco pagos y tú puedes continuar pagándolos." Él estuvo de acuerdo conmigo y se lo llevó haciendo los pagos.

Como una semana después fui a visitar a mí madre nuevamente. Esta vez ella me dijo, "Joey, voy a pagar la cuenta que debes a Levins para que tú puedas irte al instituto

Bíblico." Yo estaba un poco turbado por el cambio de parecer que tuvo mi madre. Esa noche soñé que iba de regreso a mí empleo porque me debían un dinero de las vacaciones.

Al día siguiente fui a Cardos para cerciorarme de esto y tal como lo soñé, asi fue. La compañía me debía quinientos dólares. Tomé este dinero y saldé otras dos deudas que tenía y también le di algo a mi madre para la cuenta que ella tomó para pagar.

Luego me llamó mi padre para decirme que ya había pagado los boletos para el avión y lo único que me quedaba por hacer era fijar la fecha. Continué orando al Señor para que Él pusiera todo en su lugar. Esto era todo nuevo para mí pues no sabía hacía donde iba y como serían las cosas una vez estuviera en el instituto. Decidí orar y ayunar pues estaba un poco nervioso. No sabía como habría de sobrevivir allá pues no hablaba muy bien el español.

Cuando fui a la iglesia, le dije al pastor que mí padre había pagado los boletos para el avión. Ese día, sé recogió una ofrenda para mí y se me presentó un cheque que sería para los gastos de mi educación. También me dijeron la fecha de mí partida. Empaqué todo y le dije al hermano Robles que lo volvería a ver en el verano para ayudarle.

En el aeropuerto oré al Señor diciendo, "Dios, si no es Tú perfecta voluntad de que yo vaya a Puerto Rico, no permitas que este avión despegue. Pero si lo es, haz que ahora mismo pueda sentir Tú presencia. Ve delante de mí porque voy a necesitar Tú ayuda, Señor."

Después que oré, sentí la presencia de Dios y escuché una voz en mí corazón decir, *"No temas porque yo estoy contigo. No desmayes, pues Yo soy tu Dios. Yo té fortaleceré, té ayudaré y té levantaré con la diestra de mi justicia."* Cuando escuché esto, sentí paz en mi corazón porque sabía que sí era su perfecta voluntad y que Él me iba a dirigir en este gran y maravilloso camino.

Querido Amigo,

Si quieres ser libre de tus pecados y vivir una vida de gozo, dale a Jesucristo la oportunidad. La Biblia nos dice en Juan 8:32, *"Conocerán la verdad y la verdad os hará libre."* En Juan 14:14 hay otra promesa de parte de Dios para ti, *"Todo lo que pidieras en mi nombre, lo haré."* Amigo, tienes que confesar tus pecados para poder nacer de nuevo del Espíritu de Dios. Pide a Jesucristo, el Hijo de Dios, que entre en tú corazón ahora mismo. Él te ama y espera que tú clames a Él para darte vida nueva y eterna. Así podrás experimentar y recibir la paz y el gozo que yo recibí al darle a Jesucristo mi corazón. Que Dios té ilumine a tomar esta decisión tan importante en tú vida. Si estás interesado en un CD ó DVD de este testimonio, lo único que tienes que hacer es llamar a nuestra oficina para más detalles. ¡Qué Dios té bendiga!

Worldwide Evangelistic Ministries, Inc.
(215) 223-1022
(215) 223-1916